北朝鮮 拉致問題

極秘文書から見える真実

有田芳生
Arita Yoshifu

a pilot of wisdom

はじめに

二〇〇二年九月一七日。小泉純一郎氏が日本の総理としてはじめて北朝鮮（朝鮮民主主義人民共和国）を電撃訪問、金正日《キムジョンイル》国防委員長が日本人の拉致を認め、同年一〇月一五日、五人の被害者が帰国を果たした。

拉致被害者の蓮池薫《はすいけかおる》さん、蓮池（旧姓・奥土《おくど》）祐木子《ゆきこ》さん、地村保志《ちむらやすし》さん、地村（旧姓・濱本）富貴恵《ふきえ》さん、曽我ひとみさんが羽田《はねだ》空港に到着したとき、私は新橋にある日本テレビの情報番組「ザ・ワイド」のコメンテーターとしてスタジオにいた。羽田からは笛吹《うすい》雅子アナウンサーが興奮した声で中継をしていた。到着した政府チャーター機から降りてくる五人の姿。出迎える家族たちのなかには横田滋《しげる》さん、早紀江《さきえ》さんの姿もあった。のちに横田早紀江さんに聞いたことだが、最後にめぐみさんがタラップを降りてくるのではないかと、根拠もなく期待しながら見ていたという。

横田めぐみさんが拉致されたのは一九七七年一一月一五日。当時、一三歳だ。小泉訪朝のとき、私の次女は一三歳だった。私は羽田からの中継を見ながら思った。もし自分の娘がある日突然姿を消し、長い時間その原因もわからなかったなら、家族としてどんな不安と困惑のなかで生きるだろうか、と。しかも娘が姿を消したおよそ二〇年後に北朝鮮に拉致された可能性が指摘され、安否は不明のまま時間だけが過ぎていく。横田滋さん、早紀江さん、ふたりの弟さんたち、そしてほかの拉致被害者のご家族の絶望は他人の推測など受けつけないほど異質な世界なのだ。私はこの問題に関心を持ち、さまざまな運動に関わり、国会議員になってからは本会議、予算委員会、拉致問題特別委員会での質問、さらには二〇〇本近い質問主意書の提出などを行ってきた。

小泉訪朝と五人の拉致被害者の帰国は当時、アメリカや韓国をも驚かせた。帰国した被害者がもたらした情報と継続的な協議を通じ、北朝鮮から「死亡」と伝えられたほかの被害者の実態もやがて明らかになり、拉致問題は解決に向かって大きく動き出すかのように見えた。

あれから二〇年が過ぎた。

だが、その後の政権では進展が見られず、とくに第一次、第二次安倍晋三《しんぞう》政権では拉致問題を「最重要課題」としながら、合計約九年間の在任中に成果はなく、いわゆる「やってる感」の演出に終始したというのが現実である。

小泉訪朝以降、北朝鮮側からこの間の日本はどう見えているのだろうか。対北朝鮮外交には独自の戦略が必要で、その基礎には「インテリジェンス」（情報収集と分析）がなければならない。しかし、日本の対北朝鮮「外交敗北」の原因は「ヒューミント」（人間を媒介とした諜報《ちょうほう》）のない「官邸外交」にあった。いまなお、日本政府が依拠している脱北者だのみの情報は誤謬《ごびゅう》ばかりだ。

2002年10月15日、羽田空港に到着した政府チャーター機のタラップを降りる拉致被害者ら。写真＝毎日新聞社提供

ここに日本政府が公式には存在を認めない「極秘文書」がある。

そこには拉致被害者がどのように事件に遭遇し、北朝鮮でどんな暮らしをしていたのかについての聞き取りが記録されており、いまだ知られていない被害者の人数を推測させる管理番号があったことも記されている。本書の第一部ではこの文書を分析しながら、横田めぐみさんの消息をはじめ、これまで報道されていない事実を明らかにする。なお「極秘文書」の引用部分は〈〉とする。

二〇〇四年にまとめられたこの文書は、安倍晋三元総理をはじめ多くの政府関係者が読んでおり、複数のメディアが入手している。これまで断片的な報道はあったものの、その全貌は現代史のなかにいまだ隠されたままである。関係者の高齢化が進むなか、この内容の概要を公開しないことは、むしろ拉致問題解決のために負の役割しか果たさない。北朝鮮に問うべきことがあるにもかかわらず、何もなかったかのように放置することはもはやできないからだ。

第二部では北朝鮮による拉致問題の解決に向かうための外交のあり方を論じ、さらに安倍政権以降の方針のどこに問題があったのかを示す。政権維持のために世論におもねる外交ではなく、外務省に蓄積された経験を活用したうえで、リーダーが目的達成のために判断を下す外交の基本に立ち戻らなければならない。

目次

極秘

拉致被害者に対する聞き取り

平成１６年６月４日
拉致被害者家族・支援室

１　昨年１月下旬以降、当室室員が蓮池家、地村家を断続的に往訪し、北朝鮮に残されている子供等の状況、北朝鮮での生活等につき聞き取りを行ったところ、両家からの聞き取り概要（項目別に整理した結果及び聞き取り者の気付きの点）、両家からの聞き取りの記録、関連地図、拉致被害者についての現地調査結果と両家証言の対比表を別添する。

２　聴取は北朝鮮に残された子供達に関する注意点等から始まったが、話は北での生活、拉致、他の日本人の安否に関する情報等に及んだ。当初、地村、蓮池両夫妻からは、子供の安全に関わることなので、子供が帰ってくるまでは、話したことは一切支援室以外には漏らさないで欲しいとの強い要望があった。

３　今般、子供達の帰国を受けて、蓮池夫妻及び地村夫妻に対して、お子さん達が帰ってきた今の状況下で追加して話してもらえることはないか、これまでの話の中で訂正すべき事項はないか確認したが特に変更点はなく、また、政府内の関係部署で聞き取った内容を共有することについても了承を得た。今後、できるだけ早い段階において、外務省、警察等との間でこれを共有し、お互いの情報をつき合わせ、生存未確認者の安否確認等についての更なる分析・調査を行い、今後の拉致問題解決に向けた政策立案に活用することが望まれる。

極秘文書〈拉致被害者に対する聞き取り〉概要

第二部　外交の問題

第三章　拉致問題解決への道筋を検証する

本文中の肩書きや組織名等は基本的に当時のものです。

図版作成・部扉・目次扉・目次・年表デザイン／MOTHER

第一部 極秘文書

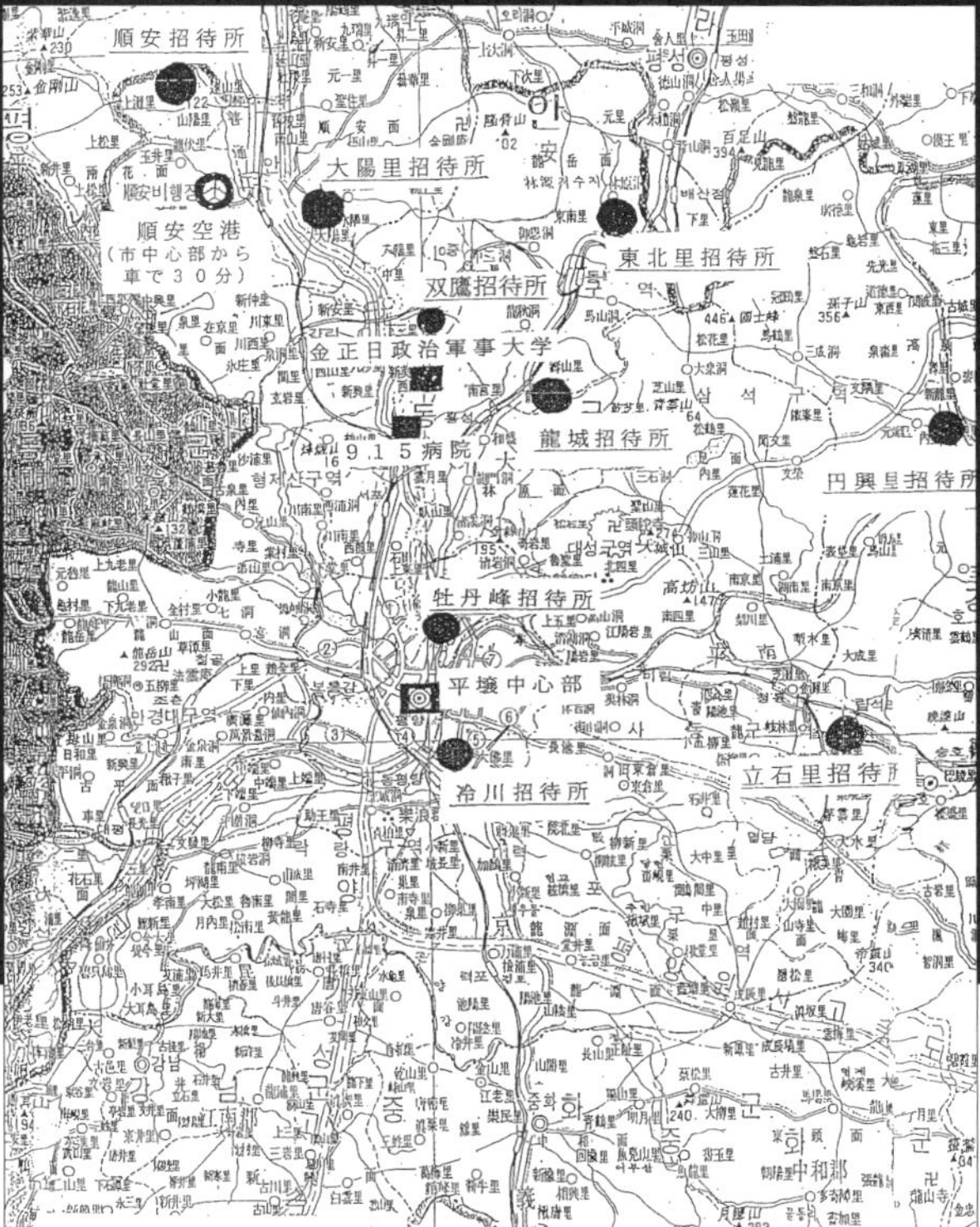

招待所の所在を示す極秘文書（別添4）〈関連地図〉より各招待所

第一章　政府の「極秘文書」を分析する

安倍総理は、なぜ「極秘文書」の存在を否定したのか

日本政府には、拉致問題に関する「極秘文書」がある。北朝鮮から帰国した五人の拉致被害者からの聞き取り調査をまとめ、分析した報告書だ。

二〇〇四年を中心に、帰国した拉致被害者は、警察庁や新潟県警、福井県警から何度も事情聴取を受けた。拉致の実行犯を確定し、犯人を国際手配し、捜査を進めるためである。それとは別に外務省や内閣官房の拉致被害者・家族支援室も同じように聞き取り調査を行ったが、それは「死亡」と伝えられた被害者の実際の安否確認をするためでもあった。そうしてまとめられた報告書には、いまだ公にされない事実が多い。

私が参議院予算委員会の委員だった二〇一七年一一月二九日、民進党（当時）の増子《ましこ》輝彦議

員が安倍晋三《しんぞう》総理に対して、拉致問題に関する「具体的」な対応を訊ねた。安倍総理の長い答弁のなかに気になるひとことがあった。拉致被害者と何回も食事や会話をしたという話に続けて、

「そのときの状況について彼らが聴取に応じていただいた報告書も全文、何回も読んでいるところでございます」

と語ったのだ。安倍総理が口にした報告書とは、拉致被害者・家族支援室が聴取した「極秘文書」のことである。

私が国会であらためてその文書の存在の有無を問うたときの、安倍総理の不可解な対応を紹介しておきたい。翌二〇一八年三月二八日の参議院予算委員会でのことだ。まず日朝首脳会談の可能性について訊《き》くと、安倍総理はこう答弁した。

「今非常に大事な時期、大きな変化が起こっているわけでありますから、全力でそうした情報の収集、分析を行っていきたいと思っております」

「北朝鮮との間では我々も北京の大使館ルートで様々な手段を通じてやり取りを行っておりま

す」

お決まりの「北京《ペキン》大使館ルート」だ。北京の日本大使館は、北朝鮮と独自に交渉など行わない。することといえば、北朝鮮が核実験や日本海に向けてミサイル発射実験をしたとき、在北京北朝鮮大使館に抗議のファクスを送ることと、それを通告する電話をかけることぐらいだ。

安倍総理は、実態を知らないのだろう。「北京の大使館ルート」といえばいかにも意味ありげに聞こえるが、実際の日朝交渉はまったく別ルートで行われてきた。

私は続けて「報告書」について訊ねた。

「昨年の十一月二十九日の参議院予算委員会で、総理は、拉致被害者で日本に戻ってきた方々の報告書を全文、何度も読んだとおっしゃっていますけれども、どういう報告書ですか」

安倍総理は「政府としては、帰国された拉致被害者の方々から様々なお話を伺っているところであります。

昨年十一月二十九日の答弁における報告書とは、拉致被害者の手記などを指してお答えしたものでございまして、具体的にどのような文書があるかについては、今後の対応に支障を来すおそれがあることから、明らかにすることは差し控えたいと、このように考えております」と答弁した。

四カ月前は「彼らが聴取に応じていただいた報告書」と語ったものが、「拉致被害者の手記など」に変化している。すり替えだ。たとえば帰国した被害者のひとりである蓮池《はすいけ》薫《かおる》さんは、北朝鮮での経験を『拉致と決断』などの手記として公刊している。そこで私は、「公開されていますか」と重ねて訊いた。

安倍総理の答弁は、例によって区切りのない長々とした内容だったが、冒頭の部分では「報告書」の政府内での位置づけが示されていた。


「こうした文書があるかないかということは、つまり、拉致被害者の方から、我々、どのようなお話を伺っているか、あるいはどのようなお話を伺おうとしたのかということでございますが、これは有田委員も御承知のとおりでございますが、当初から私、官房副長官としても関わってきたところでございますし、被害者の方々が帰国をされた後も何回もお話を伺っておりますが、しかし、その中で、まさに北朝鮮という国から帰ってきた、言わばまさに恐怖で支配をしている国から帰ってきた中において、身の安全が図られているかということが被害者の方々にとっても大変重要なことでございまして、その中で我々政府とどのように接しているかということについても、これは一切外には出さないということになっているわけでございます」

簡潔にまとめると、帰国した拉致被害者から聞き取り調査を行ったが、それは公開しないという答弁だ。結論は単純明快だった。そのうえで「言わばあるかないかということについても、これはコメントは差し控えさせていただきたい」というのである。ではなぜ聞かれてもいないのに二〇一七年一一月二九日の国会で「何回も読んでいる」と答弁したのか？　私があらためて質問しても、安倍総理は文書の存在そのものをかたくなに認めなかった。

はじめて明らかになった日本人の名前とは

私は「何度も何度も読んだというのに、あるわけでしょう」と反論し、「報告書」の実物を手にして「ここにありますよ」と示して、核心のひとつに切り込んだ。

「総理に聞きたい。そこの中に出てくる久我良子さん（議事録ママ）というのはどなたですか」

私がこの文書を入手したのは、二〇一五年一〇月に二度目の訪朝を終えて、ある日本政府関係者と接点ができたことによる。提供を受けた際は「読んだ感想を聞きたい」という趣旨だった。その後は、「拉致問題解決のためにぜひ活用してほしい」とも言われた。私にとってはすでに自明の極秘報告書の存否のやりとりよりも「報告書」に書かれた内容が重要だった。拉致問題の実相を聞きたかったのだ。すると国家公安委員長が手を挙げて答弁席に立ち、次のように語り出した。その場面を議事録から再現する。

「国務大臣（小此木八郎君）　報告書につきましては今総理が言われたとおりでありますけれども、曽我ひとみさんにつきましては、警察において、昭和五十三年八月に……（発言する者あり）ソガヨシコさん……。済みません、もう一度。（発言する者あり）」

議事録の「発言する者あり」とは、議場から野次《やじ》が飛んだことを意味する。いきなり「久我良子（ｏｒヨシ子）」（「極秘文書」）という聞き慣れない名前を聞いたのだから、読み間違えも致し方ない答弁だったとは思う。そして、国家公安委員長は、「警察における情報収集や捜査、調査の個別具体的な内容については、これを明らかにした場合、今後の警察活動に支障を及ぼすおそれがあることから、お答えを差し控えたいと存じます」

と、官僚が用意したいつもの言い回しの答弁書に眼《め》を落としたまま読み上げた。

拉致問題が世の中に知られてからこのときまで、「久我ヨシ子」はまったく表に出ていない名前だった。私が短い質問でこの名前を挙げたのは、のちに紹介するが拉致問題に関する新たな重要な問題だったからだ。

大韓航空機爆破事件でクローズアップされた日本人拉致問題

「極秘文書」の内容と分析に入る前に、北朝鮮による日本人拉致問題の概略を振り返っておく。
二〇〇二年九月一七日に小泉純一郎総理が北朝鮮を訪問した際、金正日《キムジョンイル》国防委員長は日本人拉致を公式に認めた。日本政府が被害者として北朝鮮側に安否を確認していたのは、次の一三人だ。

久米裕《くめゆたか》（一九七七年九月一九日に拉致）
横田めぐみ（一九七七年一一月一五日に拉致）
田口八重子（一九七八年六月ごろ拉致）
地村保志《ちむらやすし》、濱本富貴恵《ふきえ》（一九七八年七月七日に拉致）
蓮池薫、奥土祐木子《おくどゆきこ》（一九七八年七月三一日に拉致）

市川修一、増元るみ子（一九七八年八月一二日に拉致）
石岡亨《とおる》、松木薫（一九八〇年五月ごろ拉致）
原敕晁《ただあき》（一九八〇年六月一七日に拉致）
有本恵子（一九八三年七月ごろに拉致）

小泉訪朝を準備した外務省の田中均《ひとし》アジア大洋州局長が、首脳会談当日の午前中、北朝鮮当局から提示された回答は、日本政府が拉致被害者として認識していなかった曽我ひとみさんを加えて、生存者は五人、八人が「死亡」という内容であった。政府の認定拉致被害者である久米裕さんについては「入境を確認できない」とされた。

日本社会で北朝鮮による日本人拉致が大きく報じられたのは、一九八七年以降だ。その年一一月二九日、バグダッド発ソウル行きの大韓航空機がビルマ（現ミャンマー）沖上空で爆発、乗員乗客一一五人が死亡した。爆薬を仕掛けてバーレーン空港で降りた「蜂谷《はちや》真一」「蜂谷真由美」が拘束されるが、隠し持った薬物で自殺をはかる。「蜂谷真一（金勝一《キムスンイル》）」は死亡し、生き残った「蜂谷真由美」は、北朝鮮工作員の金賢姫《キムヒヨンヒ》だと判明した。

韓国に移送された金賢姫は取り調べのなかで、自分が日本人になりすますために日本語や日本の生活習慣を教えてくれたのは「李恩恵《リウネ》」という女性で、拉致された日本人であると証言した。「李恩恵」とは誰か。日本でも新聞、テレビ、週刊誌が大きく報じはじめた。警視庁と埼玉県警の捜査の結果、「李恩恵」が田口八重子さんだと断定されるのは、一九九一年五月一五日だ。報道は過熱した。北朝鮮による日本人拉致が注目された最初の事件である。

　政府が認定拉致被害者としたものの北朝鮮が入境を否定している久米裕さんは、一九七七年九月一九日、石川県鳳珠《ほうす》郡能登町《のとちょう》宇出津《うしつ》海岸で拉致された。この夜、石川県警は旅館に同宿していた男を外国人登録法違反の現行犯で逮捕、のちに出入国管理法違反（密出国ほう助）で再逮捕した。地元紙は一九七七年九月二七日付朝刊で「朝鮮半島向け密出国　能都署　ほう助の男を再逮捕」（「北國新聞」）、「能登から北朝鮮へ密出国さす　宇出津で逮捕の仲間自供　スパイ事件?目的追及」（「北陸中日新聞」）と報じた。一一月一〇日には久米さんを特定して「三鷹市役所の警備員　工作船で北朝鮮へ」（「朝日新聞」）と報じられたが、この時点では拉致されたという認識はなく、密輸かスパイ事件だと思われていたのだ。

　一三歳の横田めぐみさんが拉致されたのは、一九七七年一一月一五日。久米さん拉致から約二カ月後だ。当時は「行方不明事件」として「新潟日報」に報じられたが、北朝鮮による犯行が浮上するには、二〇年後の一九九七年を待たなければならなかった。
「アベック3組ナゾの蒸発」と「サンケイ新聞」が朝刊一面トップ記事で報じたのは、一九八〇年一月七日だ。そこには「53年夏　福井、新潟、鹿児島の海岸で」「外国情報機関が関与？」とあり、地村保志さん、濱本富貴惠さん、市川修一さん、増元るみ子さんの顔写真も掲載されていた。いまから振り返れば、大スクープだが、後追いするメディアは当時まったくなかった。

国会でこの問題が取り上げられたのは、八年後の一九八八年三月二六日。参議院予算委員会で橋本敦議員（共産党）が具体的詳細に質問し、梶山静六国家公安委員長はこう答弁した。
「昭和五十三年以来の一連のアベック行方不明事犯、恐らくは北朝鮮による拉致の疑いが十分濃厚でございます。解明が大変困難ではございますけれども、事態の重大性にかんがみ、今後とも真相究明のために全力を尽くしていかなければならないと考えておりますし、本人はもちろんでございますが、御家族の皆さん方に深い御同情を申し上げる次第であります」

政府としてはじめて「北朝鮮による拉致」と具体的に言及した衝撃的な答弁だった。にもかかわらず、このときテレビニュースはいっさい報じなかった。「サンケイ新聞」が見出しを入れて二三行、「日本経済新聞」が一五行、「朝日新聞」「読売新聞」「毎日新聞」は報道しなかった。これが一九八八年段階の日本メディアの関心度だった。日本社会で北朝鮮による拉致問題が広く報じられ、話題になるのは、前述の通り「李恩恵」が田口八重子さんだと警察当局に断定される一九九一年のことだ。

いまでは政府による認定拉致被害者は、先に挙げた二〇〇二年に北朝鮮に安否確認していた一三人に、曽我ひとみさんと母の曽我ミヨシさん、田中実さん、松本京子さんの四名を加えて、一二件一七人となっている。このほかにも北朝鮮に拉致された可能性を排除できない行方不明者たちがいるが、政府によって認定されるには至っていない。これがこの問題の現在地である。

「極秘文書」はこうしてつくられた

ここに〈拉致被害者に対する聞き取り〉と表紙に書かれた文書がある。右上には黒地に「極秘」と白抜きされており、日付は「平成16年6月4日」（二〇〇四年）だ。「拉致被害者家族・支援室」とある。六六ページに及ぶA４サイズの書類の最初には文書の性格が述べられている。四項目にわたる概要の冒頭には、全体像がこう記されている。

〈昨年1月下旬以降、当室室員が蓮池家、地村家を断続的に往訪し、北朝鮮に残されている子供等の状況、北朝鮮での生活等につき聞き取りを行ったところ、両家からの聞き取り概要（項目別に整理した結果及び聞き取り者の気付きの点)、両家からの聞き取りの記録、関連地図、拉致被害者についての現地調査結果と両家証言の対比表を別添する〉

この別添及び追加の聞き取り文書は次の通り。私が入手した極秘文書の枚数も加えた。

①〈両家からの聞き取り概要(蓮池家、地村家からの聞き取り概要)〉(一二ページ)
②〈蓮池家記録(蓮池夫妻に対する聴取)〉(一〇ページ)
③〈地村家記録(地村夫妻に対する聴取)〉(八ページ)
④〈関連地図〉(七ページ)
⑤〈(別添1)「各招待所」〉(四ページ)
⑥〈「拉致問題に関する現地調査結果」と拉致被害者による証言対比表(拉致問題に関する現地事実調査結果〔H14.9.28~10.1〕時系列グラフ、同・時系列グラフ及び関連情報)〉(一四ページ)
⑦〈蓮池夫妻による横田家に対する説明(蓮池薫さん内話:メモ)平成16年6月16日　支援室K(有田注・原本は本名)〉(一ページ)
⑧〈曽我ひとみさんに対する聞き取り(概要)平成16年7月30日〉(一〇ページ)

聞き取り調査は、〈昨年1月下旬以降〉とあるように、二〇〇三年はじめから行われている。二〇〇二年一〇月一五日に蓮池薫、祐木子夫妻、地村保志、富貴恵夫妻、曽我ひとみさんは帰国を果たす。約四半世紀ぶりの母国である。聞き取りはその三カ月後に開始されている。この段階では、蓮池さんと地村さんの子どもたち、曽我さんの夫と子どもを北朝鮮に残したままなので、制約があった。概要の項目二にはこうある。

〈聴取は北朝鮮に残された子供達に関する注意点等から始まったが、話は北での生活、拉致、他の日本人の安否に関する情報等に及んだ。当初、地村、蓮池両夫妻からは、子供の安全に関わることなので、子供が帰ってくるまでは、話したことは一切支援室以外には漏らさないで欲しいとの強い要望があった〉（〈拉致被害者に対する聞き取り〉）

当初この五人の帰国については「一時的な帰国」とする北朝鮮との約束を本人たちの強い決断で反故《ほご》にした経緯があった。田中均アジア大洋州局長は小泉訪朝を実現させるため、約一年にわたって非公式協議を続けていた。その相手が柳京《リユギヨン》・国家安全保衛部（現在は国家保衛省）

副部長という人物だった。政府内でも秘匿された人物だったので、田中氏は「ミスターX」と呼んでいた。拉致被害者は一週間から一〇日で北朝鮮に戻る約束だったので、彼らが日本に留《とど》まることを決断したことに対して、「ミスターX」は約束が違うと抗議したが、このルートが切れることはなかった。これを受けて残された家族を日本に帰国させる交渉がはじまっていく。

家族が「人質」となっている状況の下で、日本に戻った直後に拉致被害者が政府の聞き取り調査に応じることは、メンタルへの配慮や実際の危険性からも避けなければならなかった。北朝鮮にすれば、被害者たちが政府の聴取に応じたならば、どんな機密事項を漏らすかわからないので、残された子どもたちを戻さないことも十分にありえた。そこで、三カ月が経過してからまず曽我さんをのぞく蓮池、地村両家の聴取が秘密裡《り》に行われたのだった。

二〇〇四年五月二二日に二回目の小泉訪朝が実現した。二〇〇四年四月一〜二日、山崎拓《たく》自民党前副総裁と平沢勝栄《かつえい》拉致議連事務局長が大連で北朝鮮側と交渉、その場で山崎氏が小泉総理に電話、鄭泰和《チョンテファ》日朝交渉担当大使に代わってふたりが話し合った。事態は動いていった。小泉総理は、平壌宣言を実行に移すから拉致被害者家族を日本に戻すよう要求、北朝鮮側は小泉総理あるいは福田康夫官房長官の訪朝を求めた。もうひとつが飯島勲首相秘書官と朝鮮総連幹部のルートだった。小泉総理は最終的にこの「第三のルート」を選択して、二回目の訪朝を決断した。

このとき政府は曽我さんの夫で米兵だったジェンキンスさんとふたりの娘、蓮池薫、祐木子夫妻の長女と長男、地村保志、富貴恵夫妻の長女と長男、次男の計八人の帰国・来日を求めていた。だがジェンキンスさんは朝鮮戦争時の米軍の脱走兵だったため、来日すれば軍法会議にかけられるのではないかと躊躇《ちゅうちょ》し、蓮池さん、地村さんの子どもたちだけが、帰国することになった。

続いて曽我ひとみさんの家族三人の帰国・来日が実現したのは二カ月後の七月一八日のことである。

〈拉致被害者に対する聞き取り〉は、蓮池、地村両家の家族が帰国した直後に再び行われた。つまりおおまかに拉致被害者の家族の帰国前と後で聞き取り調査の性質が異なるのである。概要の項目三にはこうある。

〈今般、子供達の帰国を受けて、蓮池夫妻及び地村夫妻に対して、お子さん達が帰ってきた今の状況下で追加して話してもらえることはないか、これまでの話の中で訂正すべき事項はないか確認したが特に変更点はなく、また、政府内の関係部署で聞き取った内容を共有することについても了承を得た。今後、できるだけ早い段階において、外務省、警察等との間でこれを共有し、お互いの情報をつき合わせ、生存未確認者の安否確認等についての更なる分析・調査を行い、今後の拉致問題解決に向けた政策立案に活用することが望まれる〉（同前）

ここで重要なのは、これまで内閣官房の「拉致被害者・家族支援室」が把握していた拉致被害者からの聞き取りによる情報が、外務省や警察庁などの関係組織と共有されたことである。拉致事件を現場で捜査する警察や北朝鮮との間で外交交渉をする外務省が、新たな情報を入手することで、各組織横断で連携を取り、問題解決への具体的方針を構築するための足掛かりがひとつできたのである。一方で北朝鮮から「死亡」とされた被害者の家族は、帰国した五人が何を目撃し、どんな情報を持っているのかが気になっていた。項目四にはこうある。

〈他方、田口さん、横田さん、増元さんのご家族からは、両家から話を聞きたいとの要望が寄せられている。横田家を除く他のご家族への対応については、地村夫妻、蓮池夫妻とも、時期が来ればお話する用意があるとしているが、めぐみさんに関する情報については、その深刻な内容故にどの程度ご家族に話すべきか、アドバイスを求められており、今後検討が必要であ

る〉

（同前）

ここで注目すべきは横田めぐみさんに関する「深刻な内容」だ。この二〇〇四年の時点では、めぐみさんの具体的な情報（あとの項で扱う）は、当然まったく報道されておらず、蓮池夫妻、地村夫妻から横田夫妻に伝えられてはいなかった。項目四はさらに続く。

〈また、ご家族への説明のタイミングについては、両夫妻とも、ご家族に話すと内容がすぐ外に出てしまうので、少なくとも北朝鮮による再調査結果が出るまでは待ったほうが良いと思う、北朝鮮は自分達が何を知り何を知らないか分かっていないと思うので、こちらから手の内を晒さない方がよい、との意見であるが、政府からの示唆を待ちたいとしており、この点についても早急に検討が必要である〉

（同前）

「極秘文書」に記された拉致被害者たち

北朝鮮に残されていた蓮池・地村両夫妻の子どもたちが来日した二〇〇四年五月から、警察庁や地元県警は拉致被害者から詳細な聞き取り調査を行った。事件解明の核心的な問題として、拉致実行犯の名前や手口を詳細に聞いたのだ。

そして、この調査を大きな手掛かりとして地村保志、富貴恵夫妻の拉致実行犯である辛光洙《シングアンス》に対して、二〇〇六年二月に国外移送目的略取容疑で逮捕状が交付され、四月に国際手配が行われた。蓮池薫、祐木子夫妻の拉致については、同じ二〇〇六年二月に実行犯のチェ・スンチョル（通称）に、二〇〇七年二月に共犯者として自称韓明一《ハンミョンイル》（通称ハン・クムニョン）、キム・ナムジン（通称）に逮捕状が交付、国際手配された。曽我ひとみさんと母のミヨシさんの事案については、二〇〇六年一一月に実行犯としてキム・ミョンスク（通称）が国際手配されている。

さて、この内閣官房の拉致被害者・家族支援室によって被害者から聴取された「極秘文書」は、こうした実行犯の捜査に役立つだけではなかった。この文書を読むと、拉致問題をめぐるいまだ解けない謎や、安否が明らかでない拉致被害者のその後が浮かび上がるのだ。いわば彼らが北朝鮮で暮らしていたときの詳細な歴史であり、実感をともなった貴重な情報だ。

横田めぐみさんや田口八重子さん、そして、まだ帰国が実現していなかったり政府に認定されていない拉致被害者も登場する。この「極秘文書」を仔細《しさい》に分析していけば、拉致被害者がどのように管理されていたかがわかり、被害者は実際には何人いたのかも推測できる。私が先に触れた通り、国会で名前を挙げた「久我ヨシ子」さんの謎も明らかになる。

ここから「極秘文書」の森に分け入っていく。「拉致被害者・家族支援室」は、北朝鮮による拉致被害者の永住支援強化のため二〇〇二年一一月五日、内閣官房に設置されている。外務、総務、厚生労働、文部科学、国土交通などの各省出身者一五人で構成され、被害者や家族、関係自治体との連絡、調整に当たることを目的とした。北朝鮮側が「死亡」と伝えた拉致被害者八人の安否情報に関しても拉致被害者から聞き取る必要があり、この聴取には朝鮮語がわかる外務省出身者が関わっていた。

「極秘文書」の〈蓮池家、地村家からの聞き取り概要〉は、両夫妻から聴取を行ったうえで、内容を項目別に整理し、担当者の分析を加えたものだ。その目次を紹介する。

1. 他の拉致被害者に関する情報
2. 北朝鮮発表に見られる嘘
3. 北朝鮮での生活（全体的な流れ）
4. 招待所での生活

5. 拉致の目的
6. 実際の拉致状況
7. 工作機関
8. 他の日本人の安否
9. 一時帰国まで
10. 亡命工作員発言とのクロスチェック

これらは北朝鮮による拉致事件の全体像が当事者の実体験に基づいて証言されたきわめて貴重な文書である。各項には担当者による〈気付きの点〉が付けられている。

では、1の〈他の拉致被害者に関する情報〉から眼を通していく。冒頭に総括が示されている。

〈4人の発言によれば、北朝鮮での25年間、当局の監視下、極めて限定された生活圏の中で生きてきた由である。そのため、他の日本人の消息や工作機関の活動等について4人が得ることのできた情報は限定的なものに留まっていると見られる〉

慎重な注意書きもある。

〈4人の発言の裏づけは今の時点では全く取れていないことにも留意願いたい〉

しかし、証言内容に関して慎重な総括をしながらも、文書をつぶさに見ていくと、聞き取りに対して、蓮池夫妻、地村夫妻は知っていることを「すべて」語っていたことがわかる。とくに横田めぐみさんに関する「深刻な内容」は、二〇〇四年の時点では横田夫妻も耳にしていなかった衝撃的な情報だ。横田早紀江《さきえ》さんは私にしばしばこう語っていた。「私たちには何もわからないんです。いい話だけでなく、たとえ悪い話であっても教えてください」。以下、注と傍線は、「極秘文書」の作成者によるもので、引用の文言は原文通りだ。

〈(イ) 聞き取り結果

北朝鮮で直接に接したことがある被害者は「横田めぐみさん、田口八重子さん、増元るみ子さん」の3名のみであるが、現在の消息は分からない。(注：田口さんと4人は、同じ招待所にいた時期があるが、86年7月頃に別れて以来消息は不明。増元るみ子さんについては、祐木子さんが78年8月から79年秋頃まで一緒に生活しているが、その後の消息は不明。横田めぐみさんについては、4人と同じ招待所で生活していた時期があるが、94年3月頃義州市の精神病専門病院に入院しその後の消息はわからない、また、02年秋頃、北朝鮮側がめぐみさんの遺骨を平壌の病院で捜していた様子とのこと。）

80年代中頃に同じ招待所に2名の40歳代の男性が住んでいた。意識的に出会いを避けていたためはっきり目撃したことはないが、うち一人は小柄で料理が上手いとの噂で、原さんの可能性があると思う。

田口さんから聞いた話だが、80年前後のころ、田口さんは招待所で散歩中に2人の若い日本人男性に偶然出会った由。今思えば、石岡さん、松木さんの可能性があると思う。（富貴恵さん）

また、忠龍里招待所（注：79年から86年に生活）の引出しの中から佐渡出身の「久我ヨシ子」なる人物が残したメモが出てきた。拉致被害者の可能性があるかも知れない。

（ロ）気付きの点

各情報についての詳細は8．参照。「久我ヨシ子」については至急調査が必要と思われる〉

〈蓮池家、地村家からの聞き取り概要〉）

ここで言及されている「めぐみさんの遺骨」とは、北朝鮮当局がめぐみさん「死亡」の「証拠」を探していたという意味だろう。二〇〇二年の小泉訪朝で、めぐみさんは「死亡」とされたが、医療記録が杜撰《ずさん》な内容であったこと、二〇〇四年に日本政府に渡された「遺骨」からめぐみさんのＤＮＡは検出されなかったことが、のちに明らかになっている。極秘文書には、〈当方（有田注・拉致被害者・家族支援室の聴取者）の質問に対して、両家とも、遺骨探しについて北朝鮮側が意図的に偽の情報を流しているとは思えない、としている〉〈蓮池家、地村家からの聞き取り概要〉）とある。「めぐみさんの遺骨」探しについては、目撃情報ではなく、あくまでも伝聞情報の域を出ず、北朝鮮側も横田めぐみさん死亡の証拠を出せていない。この機微な情報については推測を逞《たくま》しくしても意味がないので、証言があった事実のみを指摘しておく。

〈2名の40歳代の男性〉とは誰か

さらにこの部分にはほかの拉致被害者についての重要な情報がふくまれている。私がこれまでに取材した事実と照合し読み解いてみる。ここに出てくる日本人は蓮池夫妻、地村夫妻をのぞいて七人。「久我ヨシ子」という人物をあわせて、合計八人だ。現在の政府認定拉致被害者は、帰国を果たした蓮池夫妻、地村夫妻、曽我ひとみさんの五人をのぞくと一二人だ。

一九八〇年代中ごろに目撃された〈2名の40歳代の男性〉とは、誰だろうか。認定被害者の原敕晁さんは、拉致されたのが一九八〇年六月一七日で、四三歳だった。〈料理が上手い〉というのも、大阪の中華料理店「宝海楼」で働いていた原さんであれば頷《うなず》ける。では、もうひとりの四〇歳代の男性は誰だろうか。二〇〇五年に認定された田中実さんも神戸のラーメン店「来大」で働いていた。しかし拉致された一九七八年六月当時、二八歳。私は田中さんの高校時代や店員時代の写真を同級生などから入手したが、一九八〇年代半ばで四〇歳代にはとても見えないはずだ。

田中さんではないとすると、誰か。認定被害者のなかには、年齢で該当する人物はいない。だがひとり、気になる男性がいる。警視庁がウェブサイトで公開している「拉致の可能性を排除できない事案に係る方々」にふくまれる小住健藏《こすみけんぞう》さんだ。

小住さんは、一九三三年一〇月生まれ。一九八〇年に「朴」を名乗る工作員が小住さんになりすましていたことがわかった。警察用語で「背乗り《はいの》」といって、目的は他人の戸籍や住民票、パスポートなどを入手して、自由に活動することだ。「朴」は、旅券法違反等の容疑で国際手配された。朝鮮労働党対外情報調査部に所属する工作員で、蓮池夫妻を拉致したことでも国際手配されているチェ・スンチョルのことだ。

「朴」が日本に潜入したのは一九七〇年。なりすましていた小熊和也さんが七二年に亡くなり、そのあと一九八〇年に小住さんの戸籍が函館から東京都足立区に移される。警察は、このあたりで小住さんが行方不明になり「背乗り」されたと判断している。小住さんは、一九八〇年代半ばには五二歳だ。日本政府も注目しており、北朝鮮との非公式協議（二〇〇二年）で情報提供を求めた三人のうちのひとりが小住さんだった。ちなみにあとのふたり、田中実さんと松本京子さんは、拉致被害者としてのちに認定されている。

地村夫妻が忠龍里《チユンリヨンリ》招待所（拉致被害者や工作員の住居で一般の道路からは分け入っており、厳しい管理下に置かれている）の1地区側の7号（居住施設の番号）に移ったのは、一九七九年一一月。1地区には工作員が二棟に分かれて暮らしており、地村保志さんは、隣の6号にいた二、三人に日本語を教えていた。

1号に蓮池夫妻、3号には田口八重子さんと横田めぐみさんがいた。田口さんと横田さんは、やがて2地区へ移動して3号に住む。このとき5号にいたのがキム・チョルジュン氏で、本名は金英男《キムヨンナム》氏。高校時代に海水浴場で拉致された韓国人だ。横田めぐみさんと一九八六年八月一三日に結婚した。

田口さんは一九八六年七月、横田さんも同年八月に、別の招待所へ移動している。地村夫妻も2地区の4号に移動する。その1号と2号には中年の日本人男性が、それぞれひとりで住んでいたという。拉致された日本人は、ほかの日本人と会うことを禁じられており、信用できるかどうかもわからないので話をすることはなかった。招待所で世話をする女性たちによれば、どちらも朝鮮語がまったくダメで、1号の男性は年配、2号の男性は四〇代の痩せた料理人だったという。この人物が原敕晁さんの可能性がある。

招待所の三面鏡に隠されていたメモ

私が二〇一八年三月二八日の参議院予算委員会で安倍総理に質問した「久我ヨシ子」という名前は、〈地村夫妻に対する聴取〉に登場する。忠龍里招待所の三面鏡の引き出しのなかから見つかったメモに、その名が書かれていた。「久我ヨシ子」。佐渡出身だというこの女性は、拉致被害者なのか。国家公安委員長は、「個別の問題には答えられない」という官僚答弁だった。

このメモの存在と内容を明かしたのは、先の聞き取り文書にもある通り地村富貴恵さんだ。その証言を、そのまま引用する。

〈忠龍里にいた頃、1地区7号の三面鏡の引き出しの中に紙が入っていて、それをはがしたら、手紙が出てきたことがある。おそらく誰かに見て欲しいと考えてそこに入れたのだろう。その手紙には、「久我ヨシ子（又は良子）、50代、70年代に革命のため佐渡から朝鮮に来た、〇〇〇工場（注：カタカナで書いてあったが思い出せないとのこと）で勤めていた、主人は交通事故で亡くなった、26歳の娘がいて結婚している」と日本語で書いてあった。おばさん（有田注・招待所で拉致被害者の食事の世話などをする女性のこと）からは、その女性は我々が忠龍里に来る直前まで生活していた人で、その後、3号にいた韓国人漁師と結婚したと聞いた。拉致されて来たのか、自ら進んで来たのか分からない。「革命のために」と書けば、見つかっても咎められないと考えたのでないか〉

〈地村夫妻に対する聴取〉

拉致被害者が暮らす招待所にいたのであれば、新たな被害者の可能性がある。しかしいまに至るも、そうした情報はない。政府認定の一七人にも、拉致の可能性を排除できない事案にも、その名前はないのだ。そもそも、本名なのかどうかさえわからない。「極秘文書」は〈「久我ヨシ子」については至急調査が必要と思われる〉としている。

である。なお、週刊誌等では、拉致は6ヶ月も前から対象を絞って計画的に行われたという報道があるが、自分たちの場合は偶然であったとしか思えない。付き合ったのは3ヶ月だけだし、4人の実行犯は、我々の後をつけていたのではなく、展望台で我々が彼らを追い越していったからである〉〈地村夫妻に対する聴取〉

蓮池薫さんへの聴取では、〈自分達が拉致された状況は調査団にお話した通りで、拉致の実働部隊は作戦部である。数日前から自分達に目をつけていたとは思わない〉〈蓮池夫妻に対する聴取〉と語っている。つまり田口八重子さん、曽我ひとみさん、久米裕さん、原敕晁さんのように工作員が個人を特定して拉致したケースもあれば、蓮池夫妻や地村夫妻、そして横田めぐみさんのように、「カップル」や「若い女性」を狙って拉致を行ったケースがあったのだ。

二〇〇四年一一月九日から一四日まで、平壌で第三回日朝実務者協議が行われた。その場で北朝鮮側が説明した内容を紹介しておく。

田口八重子さんの「入国経緯」は、「身分盗用に利用する相手を物色していた工作員が、『青島海岸まで行こう』として田口さんを誘引した上で、1978年6月29日、青島海岸から田口さんを連れてきて、海州（ヘジュ）から入境した」とする。横田めぐみさんの「入国経緯」は、

「１９７７年11月15日夕方、任務を遂行し帰ろうとしていた工作員がめぐみさんと遭遇し、やむなく連れてきた。拉致は計画的ではなく、突発的な行為であった。入国地点は清津（チョンジン）」（日本政府の翻訳）とする。

脱北した元工作員・安明進《アンミョンジン》の証言では、めぐみさんを拉致した工作員は三人だという。私は「帰ろうとした工作員が遭遇した」のではなく、若い女性を拉致する任務を遂行できなかった工作員が突発的に拉致したと見るが、詳細は第二章にゆずる。

拉致被害者の実数を推測させる管理番号

政府認定拉致被害者は一二件一七人。実際には何人の日本人が拉致されたのだろうか。それを推測させる重要な証言がある。

被害者には管理番号が付けられていた。〈蓮池家、地村家からの聞き取り概要〉〈7．工作機関〉の〈(1) 聞き取り結果〉〈気付きの点〉から紹介する。

〈工作員（有田注・拉致被害者たちをふくむ）にはそれぞれ番号がついており、注文などは全て番号で行っていた（蓮池薫さん：１２０１１、祐木子さん：１２０１２、地村保志さん：１２

014、富貴恵さん：12012（注：番号が祐木子さんと重なっているが、富貴恵さん自身、末尾番号が記憶違いの可能性ありと述べている）。同番号は招待所が変わっても同じ番号であった〉

〈4人の番号の冒頭2桁「12」は拉致被害者に振り当てられていた可能性もあるが推測の域を出ない。（その場合、両家の以前に約10名の拉致被害者がいたということも考えられる。）〉

下二桁が人数だとすれば、蓮池薫さんの「11」の前に一〇人の拉致被害者がいるとの推測が成り立つ。また、蓮池夫妻と地村夫妻の間に「13」に該当する人がいることにもなる。明らかになっている拉致被害者で、蓮池夫妻、地村夫妻の前に拉致されたのは、久米裕さん、松本京子さん、横田めぐみさん、田中実さん、田口八重子さんの五人だ。北朝鮮によれば久米さんは「入境していない」としている。それでも四人だから、管理番号が人数を意味するとすれば、曽我ひとみさんがそうであったように、まだ知られていない拉致被害者が存在する可能性がある。なお、曽我ひとみさんの「配給番号」が「709」だったのは管理組織が違ったからである。蓮池夫妻、地村夫妻とは別の番号で管理されていたのだ。

〈蓮池夫妻に対する聴取〉で、蓮池薫さんは、〈12・・・という番号に特別な意味があるかどうかは不明だが、「8・・・」とか「9・・・」という番号の工作員（北朝鮮人）もいた〉と語っている。さらに祐木子さんは、〈自分は一度めぐみちゃんの番号を見たことがあるが、その時「やはり若い番号だな」と思った。（当方の質問に対し）具体的な数字については覚えていない〉と答えている。

この番号は拉致被害者の管理のためで、食料の配給などに使われた。〈蓮池家、地村家からの聞き取り概要〉は、〈食材は、週に2回配達員が巡回してくるので、決められた金額に基づき注文し、その他のものは兌換券をもらって決められた時間帯に外貨ショップ（大同江商店・大聖百貨店・楽園商店　別添地図参照）で購入〉（〈4．招待所での生活〉）という。

〈北ではいろいろな朝鮮名を使っていたが、名前はあまり重要ではなく、供給などの際には番号を使っていた（保志さん：12014、富貴恵さん：12012）。

自分が結婚した時や子供の入学などの際には、北朝鮮側も初めての経験という感じであったので、自分達の前には似たような拉致のケースがなかったのではないか。北朝鮮に着いた時の招待所の対応も慣れていないようだった〉

（〈地村夫妻に対する聴取〉）

しかし、ある政府関係者は「認定された被害者のほかにも拉致された人が必ずいる」と語る。拉致の可能性を排除できない行方不明者もいる。蓮池夫妻、地村夫妻に付けられた管理番号の前に、別の拉致被害者がいてもおかしくはない。

拉致の目的は工作員の養成

政府の「極秘文書」でもうひとつ注目すべき点は、北朝鮮が蓮池薫さんたちを工作員として養成するつもりだったことだ。

〈なぜ拉致をするのかという点については、北は当初我々を工作員として使おうとしていたのだろう。実際、そういう雰囲気はあったし、指導員からは「日本に行って東大生と仲良くなれ」と言われていた。自分は北に行った当初は反抗的であり、「東大生は自分など相手にしない」と反発したり、日記（注・朝鮮語の学習と称して、考え方・思想のチェックのために毎日書かされていたもの）に指導員の気に入らない言動を書いたりしたので、工作員としては使えないと判断したのではないか〉

〈蓮池夫妻に対する聴取〉

工作員として日本に戻って東大生と仲良くする目的が、東大生を拉致することだったのか、情報収集などほかに目的があったのかなどは不明だ。しかし、これは工作員としての活動の一例を示したものであり、たとえば北朝鮮から帰国した「よど号グループ」関係者の八尾恵が横須賀にスナックを開いて、防衛大学校生に接近したのと同じ意味あいである。やがて蓮池さんたちは、工作員に日本語を教えるようになる。だが、一九八七年一一月に大韓航空機爆破事件が起こる。実行犯は、日本人名義のパスポートを持つ北朝鮮工作員の金勝一（「蜂谷真一」を名乗り、当時五九歳、服毒自殺）と金賢姫（二五歳）だった。そして取り調べを通じて金賢姫が、日本から拉致されてきた「李恩恵」という女性から日本人化教育を受けたことを明かした。この女性が拉致された田口八重子さんだと断定され大騒ぎになり、拉致問題が注目を集めることになったのは先に説明した通りだ。このとき北朝鮮当局は拉致被害者を工作員の日本人化教育に就かせる危険性を認識したのだ。日本人拉致被害者が北朝鮮の工作員を養成すれば、いつか逮捕されたときに、拉致の事実が漏れると判断したのである。

〈87年の大韓航空機爆破事件以後は日本語教師もしなくなるが、自分達の代わりに平壌外大出身の中で成分（有田注・北朝鮮独特の身分制度。家系で決まる出身成分と現在の職業や地位をさす社会成分がある。核心階層、動揺階層、敵対階層の大きく三つに分かれている）の良い人間が日本語を教えていると思う。（当方より、なぜカップルで拉致したのかと質問したのに対し）拉致現場にたまたまカップルが多かったからじゃないか。

（当方より、なぜ在日を使わないのかと質したのに対し）初期の頃は朝総連も工作をしていたらしいが、そもそも北は基本的に在日を信用しておらず、また、在日は日本とのルートがあるので秘密が漏れやすいが、自分達のような者であれば日本とのルートも遮断されているので、秘密を保持しやすい。このような理由から在日を使わなくなったのではないか〉　（同前）

蓮池夫妻、地村夫妻への聴取は、同じ招待所で暮らした横田めぐみさん、田口八重子さん、増元るみ子さんについての機微に触れる情報にまでわたっている。地村保志さんの聴取で私が注目するのは、

〈ある日、９１５病院（有田注・工作員のための病院）で「統一戦線部には日本人工作員が多くいて貿易関係の仕事についている」と聞いて、そんなにたくさんの日本人がきているのかと疑問に思ったことがある〉　〈地村夫妻に対する聴取〉）

と語っていることだ。〈日本人工作員〉〈貿易関係〉者とは誰だろうか。私は「よど号グループ」の可能性がまず浮かんだ。彼らは、朝鮮労働党連絡部の所属で中古自動車の輸入など貿易の仕事をしていたこともある。統一戦線部に関係することもあったのだろうか。しかし「よど号グループ」関係者（複数）は、統一戦線部との関係を明確に否定する。訪朝して貿易関係の仕事をしていた日本人や在日朝鮮人もいた。ジャーナリストの高世仁《たかせひとし》さんによれば日本人で工作員として北朝鮮貿易に携わっていた人物がいるという。日本国内の情報収集や影響力ある人物への接近、さらには若い女性の拉致を指示されていたという。所属は対外情報調査部だ。地村証言は認定されていない拉致被害者について想像をふくらませるが、実態は不明のままである。

なお横田めぐみさんは、915病院に何度も入院していた。この病院は朝鮮労働党915連絡所といい、工作員や招待所で暮らす拉致被害者の専用病院だ。この病院に出入りして、のちに脱北した工作員が韓国で横田めぐみさんのことを国家情報院の聞き取りで証言した。石高健次さんが韓国で国家情報院の高官から元工作員の証言を取材し、「現代コリア」（一九九六年一〇月号）に「私が『金正日の拉致指令』を書いた理由」と題する原稿を寄稿した。そこには「「アベック連続拉致」（一九七八年）が起きる一、二年前に一三歳の少女が日本の海岸から北朝鮮に拉致された。少女は学校のクラブ活動だったバドミントンの練習を終えて帰宅途中だった。少女は双子の妹だという〉といった趣旨が書かれていた。横田めぐみさんには双子の弟がいる。こうして横田さん拉致事件が露見していった。こんな経過があったものだから、拉致被害者はそれ以後、この病院を使わないよう指示されたという。「極秘文書」の〈地村夫妻に対する聴取〉にはこうある。

〈双鷹に移ってからは（有田注・双鷹《サンメ》招待所のことで二〇〇〇年三月）915病院には行かず、一般の病院に行くようになった。めぐみさんがしばしば入院してて（有田注・ママ）、それを見た工作員が韓国に亡命してめぐみさんのことがばれたことから、それ以降、同病院は使ってはいけないということになった〉

北朝鮮が拉致を認める経過

北朝鮮は、拉致した人たちをどのように管理していたのか。専門家の間で、いまでも意見の分かれる問題だ。

①「食料の配給などを定期的に行っているから、厳重に管理されている」（日朝交渉に関わった政府関係者）

②「管理はそう緻密ではない」（北朝鮮問題研究者）

北朝鮮が拉致を認める方向に転換した二〇〇二年九月一七日前後に、杜撰な面があったことは否定できない。拉致を認める過程で、漂流していたところを北朝鮮に救助されたとか、暴力団に拉致されたとするシナリオが検討されたが、拉致されたことを語ってもよいと方針が変わった。不自然な物語では、説得力がないと判断したからだろう。地村保志さんはこう証言している。

〈拉致問題の対応については、現在（02年秋）は国家保衛部（当室注：秘密警察）が仕切っており、対外情報調査部に指示を出している。このことは北の当局から絶対に言うなと厳命されていたものである。同部は外交センスというものを全く有しておらず、後先を考えずに行動するので、ああいうずさんな発表となったのだろう〉

〈指導員は頻繁に交代するので、過去の経緯を知っている指導員はもうおらず、担当課長も拉

致がどう行われたかについても具体的には何も知らなかった〉（〈地村夫妻に対する聴取〉）

地村証言によると拉致行為の実行やその後についての引き継ぎは杜撰だったという。しかし拉致被害者に管理番号があり、配給などがその数字によって行われているなら、当局によって一元的に把握されていると見るのが自然だ。

北朝鮮が拉致を認めることを検討しはじめた時期を示す重要な証言がある。蓮池薫さんが所属した部署の幹部から「自分の存在を世界に向かって公表できるか?」と問われたのは、二〇〇〇年夏だったという（『拉致と決断』）。トップである金正日国防委員長の指示がなければ、こんな打診は行われない。日本では森喜朗《よしろう》内閣のときである。二〇〇一年一月下旬、森総理の指示を受けた中川秀直衆議院議員がシンガポールで北朝鮮の姜錫柱《カンソクチュ》第一外務次官と非公式で会談した。そこで北朝鮮側は首脳会談の実現を提案している。森政権が短命に終わり、小泉純一郎政権が二〇〇一年四月に発足する。同年夏には外務省の槙田邦彦アジア大洋州局長が「ミスターX」こと柳京・国家安全保衛部副部長と面会。本格的な交渉に至らず槙田はシンガポール大使に転任した。

田中均経済局長が槙田氏の後任のアジア大洋州局長となり、小泉純一郎総理とふたりだけで一時間ほど話し合い、日朝交渉を進めることが決まるのは、二〇〇一年一〇月のことだ。「ミスターX」との交渉はそれから一年近く、三〇回ほど続く。北朝鮮はその一年以上前から、日本人拉致を認めることを検討していたのだ。蓮池さんが担当課長と指導員から、自身の存在を明かすことを最終的に通告されたのは、二〇〇二年五月中旬ごろだった（「極秘文書」及び『拉致と決断』）。

日本人拉致——主な三つの理由

北朝鮮が日本の主権を侵してまで、拉致を実行した目的を分類してみる。第一のパターンとしては、先述通り工作員に仕立て上げるケース。蓮池夫妻、地村夫妻、市川修一さんと増元るみ子さん、富山県の未遂事件が、これに当たる。地村保志さんはこう証言している。

〈拉致直後の79年1月頃には、自分達は学校に送られて工作員としての訓練を受けるということだった。短期の訓練で日本に送り返すということかと思った。しかし、4月頃にはその話が突然取り止めになった。日本国内で自分達の失踪が問題となり、工作員として使えなくなってしまったらしい。
そこで我々は、工作員への日本語教育をしていたが、自分達が教育した工作員は結局使い物にならず、次々と除隊したようである。また振り返ってみると、87年に大韓航空機爆破事故が起きてからは、自分達を日本語教育にすら使うことはなくなった。その後は、日本の新聞の翻訳や各種資料作りをするようになった。妻は自宅でタイピングをしていた〉
（〈地村夫妻に対する聴取〉）

工作員の日本語教育については、蓮池薫さんもこう語っていた。
〈日本語がうまいといっても完全な日本人に見せかけるのは無理なので、海外在住の日系人を装うためのものだった。その時の人間の殆どは、現在、除隊して工作活動を行っていないと聞いた〉
（〈蓮池夫妻に対する聴取〉）

拉致の目的の第二は本人になりすまして「背乗り」する原敕晁さんのようなケースだ。さらに、第三に拉致した男性の結婚相手とするために、女性を拉致したと思われるケースがある。

花嫁探しのための拉致は、レバノン人女性四人が典型例だ。彼女たちは拉致された早い段階で四人の米兵と見合いをさせられた。

もういちど整理すると、一九七〇年代半ば以降に日本人を北朝鮮の対南工作（当時の北朝鮮は、韓国を「赤化統一」することを目的にしていた）の工作員にするために拉致した理由はふたつある。第一に韓国への潜入が難しくなり、日本の在日コリアンを使って浸透を試みるが、一九七〇年代初期に挫折したからである。

第二に「よど号グループ」の成功例だ。チュチェ（主体）思想に簡単に洗脳できた赤軍派の男性たちに、一九七六年から七七年にいっせいに女性たちを拉致して結婚させ、夫婦工作員に仕立てあげた。花嫁候補という側面より工作員確保が核心である。横田めぐみさんや田口八重子さんが「工作員になって外国で大使館に駆け込もう」と思っていたのは、北朝鮮側の狙いを被害者の立場から理解していたのではないか。

北朝鮮の歴史を振り返ると、一九五〇年から一九五三年の朝鮮戦争当時、占拠したソウルから五〇万人（当時のソウルの人口は一五〇万人）を北に連れてくる計画があったという。不足する知識人、技術者、農業などの労働力を確保するためである。菊池嘉晃《よしあき》『北朝鮮帰国事業の研究　冷戦下の「移民的帰還」と日朝・日韓関係』では、「解放後の北朝鮮における人材難」「対南工作員に対する金日成教示」「朝鮮戦争中の連行・拉致」などが、史料に基づいて分析されている。一九七八年に韓国の女優・崔銀姫《チエウニ》と映画監督・申相玉《シンサンオク》が拉致されたのも、「映画マニア」だった金正日の指示によるものだった。

韓国の被害者家族で構成される「6・25事変拉北者家族協議会」によると、朝鮮半島の南部から北へ連れていかれた人は、九万六〇一三人にのぼるとする。男性が九万三九三九人、女性が一八四二人、名簿に未記載が二三二人だから、九七・八パーセントが男性だ。年齢別では、一〇代後半から二〇代の青年男子が圧倒的だ。「労働力としての動員が主な目的だったことがうかがわれる」と菊池は書いている。

一九五〇年代の朝鮮戦争当時ではなく、なぜ一九七〇年代に日本人拉致だったのだろうか。冷戦という国際条件のもとで、北朝鮮は武力で南北を統一する方針を維持していた。そのためには韓国に工作員を派遣し、協力者をつくる必要があった。拉致した原敕晁さん本人名義のパスポートを利用して韓国に潜入した辛光洙の目的も、工作活動だった。

蓮池薫さんが述懐しているように、拉致被害者を工作員として養成し、日本、韓国をはじめ世界で活動させるつもりだったのだろう。それが困難だと判断した段階で日本語教師や翻訳などに従事させることに転換していったものと思われる。

第二章　横田めぐみさんは「極秘文書」にどう書かれているか

「極秘文書」でわかったこと①　横田めぐみさん「死亡」の年

日本政府が帰国した五人の拉致被害者から詳細な聞き取りを行ったのは、彼らの北朝鮮での体験を知ることを通じて、「死亡」とされた八人の情報のなかから、北朝鮮側の矛盾を発見し、その後の日朝交渉を有利に進めるためであった。端的にいって、八人の生存につながる情報を探すためでもあった。五人の帰国者が北朝鮮の招待所で一緒に、あるいは近所で暮らしたのは、横田めぐみさん、田口八重子さん、増元るみ子さんだ。なかでも一三歳で被害にあい、拉致問題の象徴である横田めぐみさんが五人の帰国者と個人的に深い関係を持っていたことは、「極秘文書」ではじめて知ることができた驚きである。五人がめぐみさんの想い出を詳しく証言していることは、それだけ愛され、労《いたわ》られていたということである。北朝鮮側にとっても、めぐみさんの存在は特別だったようだ。蓮池《はすいけ》薫《かおる》さんは帰国前の指導員からの指示をこう証言していた。

〈チェ指導員からは、「色々言ってもいいが、めぐみさん、るみ子さんのことは言うな。できれば自分達の親を説得して訪朝させるようにしろ。めぐみさんは86年以降、テヤンリ招待所にいたことは認めてもいいが、93年に入院して、死亡したとの噂を聞いたということにしろ。最初は朝鮮人（リュ・ミョンスク）だと思ったと言え。但し、機会がなければ話さなくてよい。」との指示を受けた。横田夫妻を訪朝させて家族会（有田注・北朝鮮による拉致被害者家族連絡会）を分断させろとの指示はなかったが、横田さんに相当的を絞っているということは感じられた〉
（〈蓮池夫妻に対する聴取〉）

「極秘文書」に記録された拉致被害者の個人史は、〈拉致問題に関する現地事実調査結果（H14.9.28~10.1）時系列グラフ及び関連情報〉（これにも黒枠に白抜きで「極秘」とある）が簡潔に記録している。ここで「現地事実調査」というのは、北朝鮮が拉致を認めたことを受けて、日本政府の事実調査チームが平壌《ピョンヤン》を訪れ、関係者と面会し、安否未確認者の情報収集を行っ

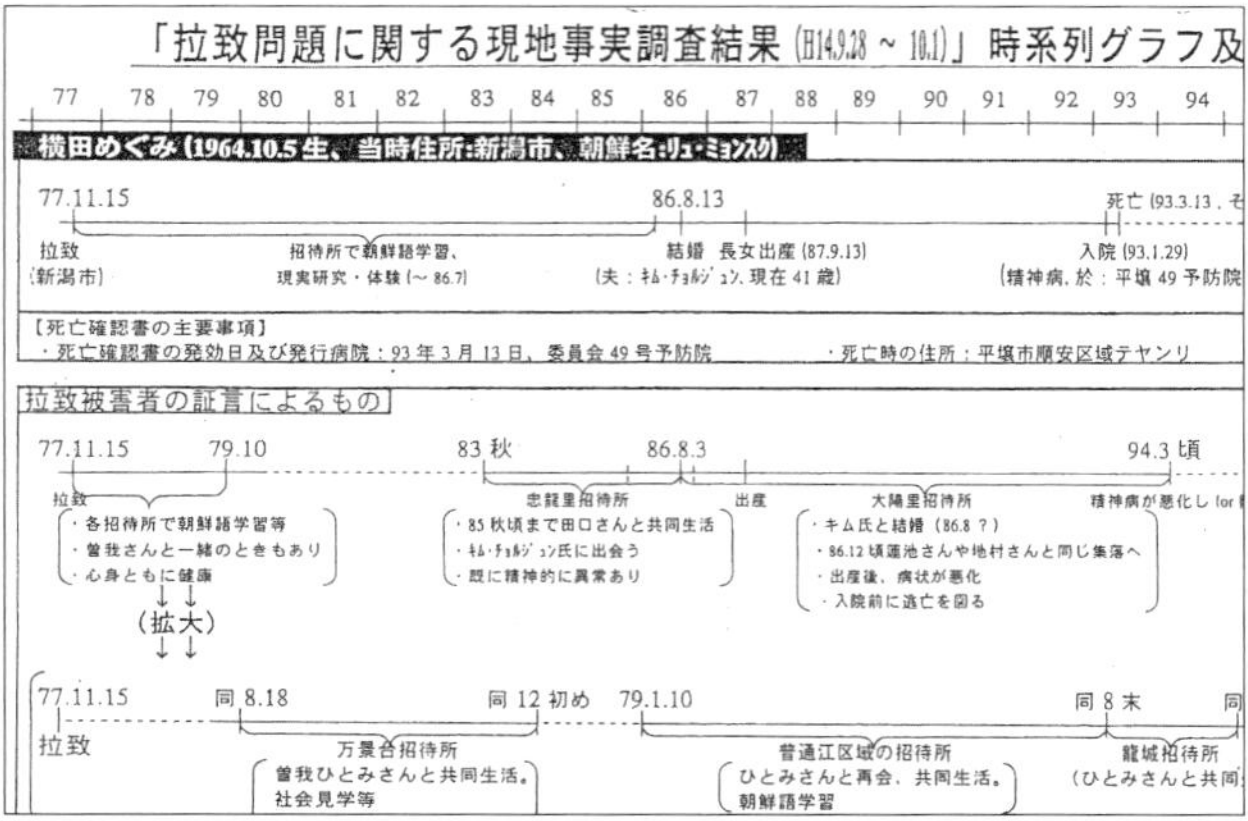

（別添2）〈拉致問題に関する現地事実調査結果（H14.9.28～10.1）時系列グラフ及び関連情報〉

たことをいう。

政府が当時拉致被害者だと認定していた一二人の時系列グラフがあるが、横田めぐみさんだけ二〇〇四年六月一日現在のものと、同年七月二九日現在の二種類があり、〈報告書以外の関連情報等〉がA4判にぎっしりと書かれている。北朝鮮の工作員だった金賢姫《キムヒョンヒ》や安明進《アンミョンジン》のほかに蓮池薫さんなどの証言が記録されている。そこには韓国の情報担当官の〈2002年7月10日まで横田めぐみさんは集団生活していた〉というものから、〈93年頃にノイローゼ気味で入院し、亡くなられたという噂を聞いた〉などなど、伝聞や噂が列挙されている。

横田めぐみさんの〈時系列グラフ〉は、新

潟市で拉致された一九七七年一一月一五日を起点にして、小泉総理が訪朝した二〇〇二年で終わっている。なぜ横田めぐみさんだけ二種類の文書があるかというと、最初のグラフに帰国した曽我ひとみさんからの聞き取り内容を加えたからである。構成としては現地調査チームが入手した情報が上段に、その下に「拉致被害者の証言」が紹介されている。上段には、拉致された一九七七年一一月一五日からの生活を以下のようにまとめている。

〈招待所で朝鮮語学習、現実研究・体験（有田注・北朝鮮の歴史や革命史蹟《しせき》の見学など）（~86.7）〉

一九八六年八月一三日には、〈結婚（夫：キム・チョルジュン、現在41歳）〉とあり、その右側には〈長女出産（87.9.13）〉とある。最後が一九九三年だ。

〈入院（93.1.29）（精神病、於：平壌49予防院）

死亡（93.3.13、その後9月に夫が遺骨を移転）〉

北朝鮮側が主張する「事実」が本当であるのかどうか。〈時系列グラフ〉の下段は、帰国した蓮池薫さん、祐木子《ゆきこ》さん、地村保志《ちむらやすし》さん、富貴恵《ふきえ》さん、曽我ひとみさんからの聞き取りに基づいて、横田めぐみさんの暮らしを跡づけている。

これらはその後にメディアで報じられる内容だが、「極秘文書」が作成されたときには、一般には知られていなかった事実である。この時点の北朝鮮側の発表では横田めぐみさんは一九九三年三月一三日に死亡したとされていた。しかし拉致被害者の帰国後の証言で、めぐみさんが義州《ウイジュ》の49号病院〈精神病専門病院〉に行ったのが、一九九四年三月ごろとわかったため、北朝鮮の杜撰な報告が暴かれたのだった。帰国した拉致被害者の証言＝「極秘文書」は、北朝鮮側の主張を覆す重要な役割を果たしたのである。なお、蓮池夫妻、地村夫妻はめぐみさんが義州の49号病院に行くと聞かされていたが、北朝鮮側は、急きょ平壌の49予防院に連れていったとしている。

さらに北朝鮮側が主張する横田めぐみさん拉致の理由にも大きな疑問がある。なぜ一三歳の中学生を襲ったのか。北朝鮮側は、新潟に潜入していた工作員が脱出するところを見られたから拉致したと説明している。「極秘文書」には、横田めぐみさんが一緒に暮らしていた曽我ひとみさんに語っていた拉致の状況が記録されている。ここでも北朝鮮側の主張に問題があることがうかがえる。横田めぐみさん拉致についても「極秘文書」から見えてくるものがあるのだ。

めぐみさん拉致現場を歩く

私は、新潟を訪れるときは、めぐみさんが拉致された現場に必ず立つようにしている。めぐみさんがバドミントンの練習をしていた新潟市立寄居《よりい》中学校の体育館から、拉致されたと思われる時刻にあわせて歩き、あと数分で自宅に到着できる曲がり角ではいつも立ちすくんだ。めぐみさんが行方不明になった当時の捜査によれば、警察犬が匂いをたどれなくなり立ち止まった場所である。

何度現場に立っても、腑《ふ》に落ちない気持ちがあった。一一月一五日という初冬にあって、日没は午後四時半ぐらいだから、犯行時刻の午後六時半はすでに暗くなっている。

中学校から営所通りを一〇分も歩くと、日本海に出る。左側には住宅街が続いている。横田さんの自宅は、事件現場と見られる曲がり角を左に折れ、二筋目を右に折れた左手にあった。わずか一〇〇メートルほどの距離だ。周囲にはいまほど明るくはなくとも街灯がついており、車両の通行も、頻繁とはいえないものの珍しくない。

いったいなぜ、一三歳の横田めぐみさんが拉致されなければならなかったのか。かねてから、「遭遇拉致」という表現がされてきた。北朝鮮側が日本政府に説明した「入国経緯」（第三回日朝実務者協議、二〇〇四年一一月）では次のように説明している。

「1977年11月15日夕方、任務を遂行し帰ろうとしていた工作員がめぐみさんと遭遇し、やむなく連れてきた。拉致は計画的ではなく、突発的な行為であった。入国地点は清津（チョンジン）。実行犯の工作員は、命令なく連れてきたことから職務停止処分を受け、その後復帰したが、2000年11月に脳出血で死亡した」

「極秘文書」でわかったこと② 横田めぐみさんが拉致された理由

ジャーナリストの高世仁《たかせひとし》さんは『拉致　北朝鮮の国家犯罪』のなかで、拉致当日に付近でいくつかの不可解な出来事が起きていたことを明らかにしている。そのあらましを取材も加えて紹介する。

ひとつは昼ごろのできごとだ。めぐみさんの親友の母親（三〇代）が、横田家の近くの施設でボランティアを終えて帰るときだった。ある路地に、白い小型乗用車が止まっていた。窓には黒いフィルムが貼ってあり、なかは見えない。その女性が歩いていると、車の窓が開き、にゅっと手が出て「おいで、おいで」と誘うように上下に振ったという。彼女は気味が悪くなり、走ってその場を去った。

次は午後六時ごろ。寄居中学校出身で、めぐみさんと同学年の弟を持つ女子高校生が、新潟大学職員宿舎の自宅に向かっているときだった。この宿舎は、横田家から営所通りを挟んで反対側にある。海のほうからふたりの男が歩いてきた。女子高生はすれ違うとき、ゾッとする気配を感じたという。

数歩歩いてから振り返ると、男たちがすぐうしろにいた。つけてきたのだ。急いで歩きだし再び振り向くと、男たちはやはり彼女を見ながら何ごとかを話していた。男のひとりは三〇代で眼が鋭く、がっちりとした体格。彼女の証言によると「プロ野球の張本勲《はりもといさお》選手」のような顔だったという。もうひとりは、もっと若く細身だった。運動靴を履いていて、歩く音はしなかった。

さらに不審な動きがあった。寄居中学校の北側の路地に白い車が止まっていたのを、めぐみさんとバドミントンのダブルスを組んでいた女生徒がランニング中に目撃している。新潟県警が、本人たちから事情を聞いている。

高世仁さんは、めぐみさんがたまたま工作員を見てしまったから拉致されたのではなく、「若い女性」が最初からターゲットにされていたのだと判断している。何人かを物色したのち、めぐみさんを背後から襲い、白い車に押し込み、寄居浜ではない海岸まで運び、そこからゴムボートに乗せ、工作支船、工作母船と乗り換えて、北朝鮮へと連れていったのだろう、と。曽我ひとみさんが私に語った（二〇一一年七月二一日）ところによると、めぐみさんは背後から襲われたと語っていたという。だとすれば、工作員をたまたま目撃したという説は無理があるのだ。土地勘があり、車を運転していた何者かは、国内の協力者だろう。曽我ひとみさんから聞き取りを行ってまとめられた「極秘文書」にはこうある。

〈めぐみさんはあまり明るくはなかったが、自分が来て多少落ち着いた様子だった。（当方の問に対し）心身ともにいたって健康だった。めぐみさんは、拉致の状況について、「部活からの帰宅途中、友達と別れてから、突然、後ろから男につかまれた。その後ここにいる。」と述べていた。自分も拉致されてきたことを話して、「二人とも同じだね」と言って打ちとけた〉

（〈曽我ひとみさんに対する聞き取り（概要）〉）

うしろから突然襲われたなら、「任務を遂行し帰ろうとしていた工作員がめぐみさんと遭遇し、やむなく連れてきた」（北朝鮮側の説明）のではなく、当時の状況から判断して若い女性を狙っていたのだろう。

おそらく北朝鮮側は亡命工作員である安明進の証言に合わせたのだろう。「T教官（有田注・実行犯とされる）は、彼女の口を完全に塞《ふさ》いで声を出せないようにして、海岸へ降りていったという」「しばらくすると、小型船（侵入船）が海岸に到着し、彼女を乗せて三人は、離れたところに待機していた母船へ向かった」（安明進『北朝鮮 拉致工作員』）。拉致現場と思われる土地と海岸までは遠い。しかも早紀江《さきえ》さんが証言しているように、その夜の海岸では多くのカップルがデートしていた。しかも工作船は、たいてい人里離れた海岸で待機する。

根本的な疑問がある。私は質問主意書（二〇二一年一〇月四日及び一一月一〇日）で、めぐみさんが拉致された一九七七年一一月一五日前後に新潟の日本海側やその他の拉致現場付近で海上保安庁によって不審船が確認されているかを問うた。答弁書（二〇二一年一〇月一五日及び一一月一九日）には、一九七七年七月二三日と一〇月一七日は確認したとあるが、めぐみさん拉致の前後に不審船はいなかったという。では新潟港を利用していた北朝鮮の万景峰《マンギヨンボン》号の動きはどうだったか。新潟県に問い合わせると、一九七七年一一月、一二月の入港は一二月一九日で出港は二三日、滞在期間は五日間だった。拉致した横田めぐみさんを一カ月もどこかに隔離したとも考えにくい。万景峰号が使われた可能性も低い。ただし、不審船の電波を傍受できなかかったこともありうる。あるいは確認していたが、それを明らかにすると政府の失態になるので隠しているのかもしれない。事実はわからないままだ。

横田めぐみさん拉致の実行犯

横田めぐみさんは拉致されたときの状況を曽我ひとみさんに語った。それを記録した「極秘文書」はすでに紹介した通りだ。〈曽我ひとみさんに対する聞き取り（概要）〉の〈1．他の日本人の安否〉には、〈ひとみさんが北朝鮮で直接接したことのある日本人被害者は横田めぐみさんのみで、あとは田口八重子さん、有本恵子さん（及び石岡亨さん）と思われる人物について間接的に噂を聞いた程度だった。また、本件聞き取りからは、ミヨシさんの安否の手がかりとなるものは出なかった〉とある。そして横田めぐみさんとの共同生活の時期が記されている。

〈（2）横田めぐみさん（77年11月拉致）〉の項目にはこう書かれている。

〈ひとみさんは、78年8月から12月（於：万景台（マンギョンデ）招待所）、79年1月から3月（於：普通江（ポトンガン）区域の招待所）、同8月から10月（於：龍城（リョンソン）招待所）の間、横田めぐみさんと共同生活をしていたとしている。しかし、その後は86年に外貨

ショップで偶然出会っただけであり、めぐみさんの現在の安否確認につながる情報はない〉
〈曽我ひとみさんに対する聞き取り（概要）〉〉

曽我ひとみさんは、帰国してから、めぐみさんを拉致したのは辛光洙《シングアンス》だと証言した。「朝日新聞」と「中国新聞」は二〇〇六年一月六日付朝刊で、曽我さんが辛光洙自身から聞いた話だと報じている。記事のタイトルはそれぞれ「横田さん拉致『辛容疑者が実行犯』曽我さんが明かす」「辛容疑者が実行犯　めぐみさん拉致　曽我さん証言」。加えて「朝日新聞」は、二〇〇四年一一月ごろに曽我さんがそのことを横田夫妻に伝えたと報じている。

この報道から一一年が経過した二〇一七年、再び辛光洙の名前が浮上する。めぐみさん拉致から四〇年にあたる年だ。

日本テレビは一一月一五日のニュースで辛光洙がめぐみさんを「自分が拉致した」「義務教育だけは習わせないとな」と語り、日本語で数学や理科をめぐみさんに教えていたことを、曽我さんが横田夫妻に「先週」手紙に書いて送ったと報じた。

さらに一一月一六日には「テレ朝ＮＥＷＳ」も、日本テレビと同じ内容を曽我さんから横田夫妻に送られた便箋五枚の手紙の映像とともに報じた。その映像によると、曽我さんが手紙末尾に記した日付は「一一月五日」だ。「産経新聞」一一月一七日付も、曽我さんがめぐみさんと共同生活をしていたとき、「辛容疑者が〝横田めぐみを拉致して連れてきたのは私だ〟と語った」と、警察の数度にわたる聴取に答えていると報じた。ただし、拉致被害者・家族支援室が、二〇〇四年七月三〇日までに行った聴取を記録した「極秘文書」には、曽我ひとみさんから辛光洙の名前はいっさい出てこない。

日本生まれの北朝鮮工作員・辛光洙

辛光洙とは何者か。地村保志さん、濱本富貴恵さん拉致事件（福井県、一九七八年七月七日）、原敕晁《ただあき》さん拉致事件（宮崎県、一九八〇年六月一七日）に関わり、国外移送目的略取で二〇〇六年三月に国際手配されている。

一九八五年、潜入していた韓国のソウルで、国家安全企画部（現在は国家情報院）によって辛は逮捕される。韓国最高裁判所の判決文や朴春仙《パクチユンソン》『北の闇から来た男』などから、略歴をまとめておく。

辛は、一九二九年六月二七日に静岡県浜名郡で生まれ、家族とともに兵庫県尼崎市、次いで富山県高岡市へ移る。日本の敗戦にともない、通っていた高岡工芸学校機械科を中途退学。家族とともに、朝鮮半島の慶尚北道浦項市《キヨンサンブクトポハン》へ渡った。一九五〇年に朝鮮戦争が起こると、南進してきた朝鮮人民軍に志願。一九五二年に朝鮮労働党員になり、一九五三年の停戦により除隊。留学生としてルーマニアのブカレスト工科大学に入学し、七年を過ごして帰国。エンジニアとして働いた。

工作員に抜擢《ばつてき》されるのは一九七一年二月、四二歳のときだ。民族保衛省（現在は人民武力部）偵察局第一九八部隊所属で、任務は対南工作だった。一九七三年七月二日に工作母船に乗って元山《ウオンサン》港を出発。七月四日に能登半島沖で工作支船に乗り換え、石川県の鳳至《ふげし》郡（現在は輪島市）猿山岬灯台方向へ進み、さらにゴムボートに乗り移り、二一時三〇分ごろ能登半島に上陸した。

日本での工作活動が、こうしてはじまる。活動基盤をつくるため、北朝鮮への帰国事業で日本を離れた在日コリアンの家族を利用して、協力者にするのが手口であった。やがて大阪から東京へ。そこで同居するようになったのが、在日朝鮮人女性の朴春仙さんだった。

裁判記録によると辛光洙は、一九七六年八月に富山県滑川市の海岸から、ゴムボート、工作支船、工作母船と乗り換えて、北朝鮮の元山港に戻る。日本への再潜入は一九八〇年二月だと、本人は供述している。この年に、原敕晁さん拉致事件が起きる。身寄りのない独身男性が対象で、パスポートを取ったことがなく、前科がない、さらに銀行との取り引きがないことが条件だった。その人物になりすますため、戸籍を奪うのが目的だ。「背乗り」という手口である。

中華料理店の調理人だった原さんは、健康もすぐれなかったので、辛の協力者から事務職に就くことを提案されるとその気になり、就職に備えて戸籍謄本や住民票を用意した。拉致現場は宮崎市青島の海岸だ。接待と称して、旅行に誘われ、四人の工作員によって拉致された。

原敕晁さん拉致事件は、一九八〇年六月一七日に発生している。この事件については辛光洙の写真が使われた原さん本人名義のパスポートも押収されている。

韓国最高裁の判決文では、横田めぐみさんが拉致された一九七七年一一月当時には「平壌市万景台にある万景台4号招待所で工作員のための密封教育（有田注・スパイ活動のための教育訓練）を受けていた」とされている。さらに地村保志さん、濱本富貴恵さんが拉致された一九七八年七月当時も、「平壌市龍城区域にある龍城5号招待所で（日本に浸透するための）日本人化教育を受けていた」とある。韓国での取り調べに対する辛光洙の供述が事実ならば、横田めぐみさん拉致には関わっていないことになる。ただしその証言が正しいとはかぎらない。工作船を使った拉致は、基本的に工作員一人と三人あるいは四人の戦闘員がチームとなるようだ。辛光洙は工作員で管理者である。それらすべてが実行犯となる。原敕晁さんを拉致したときも、辛光洙が宮崎の海岸まで誘導し、暴力的に連れていったのは戦闘員だった。拉致には役割分担があるので、被害者が顔を見ていないからといって、拉致に関わっていないとはいえない。

だが帰国した地村保志さんは、政府の「拉致被害者・家族支援室」による聞き取りでは語っていないが、警察の聴取では自分たちの拉致に辛光洙が直接関わっていたと証言した。のちに、辛が国際手配された根拠にもなっている。この証言から、韓国の裁判で明らかになった足取りに明確な虚偽がふくまれていることがわかった。ならば、地村夫妻拉致より八カ月前の一一月一五日に新潟市で発生しためぐみさん拉致事件に辛が関わっていた可能性も、否定はできない。しかし日本の捜査当局は、横田めぐみさんにも辛本人にも事情を聞くことができていない。だから、めぐみさん拉致事件で国際手配できるだけの証拠がないのだ。

それだけではない。辛が曽我さんに事実を語っていたかどうか、疑いもあるという。「産経新聞」は、捜査当局の戸惑いをこう紹介している。

「捜査当局は証言に大きな関心を寄せたが、『なぜ、辛容疑者は曽我さんに白状したのか』という疑問が残った。さらに曽我さんの別の証言が逮捕状請求を躊躇《ちゆうちよ》させる。曽我さんは別の招待所で初めて辛容疑者に会っためぐみさんの様子に触れ、『態度や表情に変化はなかった』

とも話した。

自分を拉致した男と再会した少女が、取り乱さずにいられるか——。めぐみさん事件は発生から40年が過ぎても、いまだに実行犯の逮捕状取得に至っていない」（二〇一七年一一月一七日）

辛光洙が、横田めぐみさん拉致に関わっていたのかどうか。真相はわからない。元北朝鮮工作員の安明進は、金正日政治軍事大学のチョン・スンホ教官から、「俺が彼女を拉致した」と直接聞いたと証言した。そのため新潟県警は、チョン教官のモンタージュ写真まで作成している。しかしこれも「証言」の域を出ず、真相は闇のなかだ。かくて横田めぐみさん拉致事件の捜査は、事実上進んでいない。

「極秘文書」でわかったこと③　横田めぐみさんの「深刻な内容」

第一章で、日本政府が拉致被害者からの聞き取りを記録した「極秘文書」の概要を紹介した。先ほども述べたが、そこで大きな比重を占めているのが、横田めぐみさんの消息である。

北朝鮮は二〇〇二年九月の小泉訪朝から現在まで、基本的に「八人死亡」を一貫して変えておらず、そのなかにめぐみさんも入っている。その後、北朝鮮が提供した「遺骨」から、めぐみさんのＤＮＡは検出されなかった。この鑑定をもって「ニセ遺骨」と評価しているものの、日本政府に確たる生存情報があるわけではない。

横田早紀江《さきえ》さんは、二〇一二年から二〇一四年にかけて私に何度もこう語った。

「北朝鮮がはじめ公表した死亡日時が、いい加減だっただけではありません。〝遺骨〟も他人のものだとわかったのですから、めぐみが生きていると信じているんです」

母として、当然の立場である。

蓮池薫さんの兄・透さんは、長らく「家族会」の事務局長を務めてきた。その立場を排除された理由や「家族会」「救う会（北朝鮮に拉致された日本人を救出するための全国協議会）」の内情を、自らの経験をもとにまとめた著書がある。そこには、第一章で先に紹介した調査の当該部分の原文（一四ページ）に対応する横田めぐみさんの安否に関する内容が記されている。

「二〇〇四年六月、弟夫婦は上京し、赤坂プリンスホテルにおいて、北朝鮮での横田めぐみさんに関する情報を、洗いざらい横田一家に伝えた。それは、午後から夕食をはさんで深夜まで続くというものだったという。

『たとえ、めぐみさんの消息にとってネガティブな情報であったとしても、断腸の思いで話した』と、弟は当時を振り返る」

（『拉致被害者たちを見殺しにした安倍晋三と冷血な面々』）

しかし日本政府が作成した「極秘文書」によれば、蓮池薫さんは横田夫妻に「洗いざらい」を話していなかった。二〇〇四年六月一五日に、蓮池夫妻が横田夫妻にめぐみさんの状況を説明した翌朝のことだ。蓮池薫さんは拉致被害者・家族支援室の担当者に連絡を取った。その内容は以下の通りだ。

〈横田家への説明内容については、概ね貴官にお話した通りであったが、最後の方は、「94年3月に義州の49号病院に行って、その後どうなったか分からない」とのみ述べた。従って、遺骨捜索の件については話していない。また、異常な行動の詳細についても話していない。自殺未遂の話はしたが、本気で死のうとしたのではなく、何らかのジェスチャー的な行動であると話した。実際、夫であるキム・チョルジュン氏もそういっていたから間違いないだろう〉

（〈蓮池夫妻による横田家に対する説明〉）

ここに出てくる〈遺骨捜索の件〉とは、二〇〇二年の九月か一〇月に、党の関係者が平壌第

49予防院でめぐみさんの遺骨を探していたことを指している。めぐみさんの〈異常な行動〉については、日本テレビの報道ドラマスペシャル「再会～横田めぐみさんの願い～」（二〇〇六年一〇月三日）でも報じられた。日本テレビ報道局で「拉致取材班」に所属していた記者たちが、蓮池薫さんや曽我ひとみさんなど拉致被害者から聞き取りを行い、横田めぐみさんに焦点を絞り、まだ報じられていない事実をドラマ化したいと企画、制作したものだ。担当者のひとりによれば、蓮池薫さんや「救う会」に台本を事前に見せて、いくつかのシーンを変更したという。タイトルも最初の「横田めぐみさんの真実」から変わった。放送前には横田夫妻、「家族会」の増元照明さんに試写を見てもらったが、早紀江さんは一〇分もしないうちに席を離れたという。

めぐみさんが厳しい精神状態にあったことは、蓮池夫妻、地村夫妻ともに証言している。

〈結婚当初は幸せだったそうだが、その時のめぐみさんは相当重い精神病を患っていたらしく、普通に話はできるのだが、内容にとりとめがなく、時々黙りこくってしまったりしていた。いつも「日本に帰りたい」と言っており、「頑張っていればいつか日本に帰れるから」と我々がいくら慰めたり励ましてもだめだった。うつ病や歯の治療のため915病院に通院していたが、

症状が重い時は入院もした〉〈蓮池夫妻に対する聴取〉）

〈めぐみさんは86年8月3日にテヤンリの裏側に移ってきてからキム・チョルジュン氏と結婚し、我々と同じ側の1号にやってきた（その後5号に移動）。めぐみさんはテヤンリでも精神状態がよくなかった。めぐみさんは、94年3月に義州の49号病院に入院したそうだ。これは、実際にめぐみさんを連れて行った指導員から聞いた。（当方の質問に対し）めぐみさんは入院する前に逃亡事件を起こしているので、病状が悪化したというよりは、隔離のためにそこに行ったのだろう〉（〈地村夫妻に対する聴取〉）

ここにある「逃亡事件」とは、めぐみさんが招待所から脱走を図ったことを指す。一回は一九九〇年冬で、平壌空港を目指し、もう一回は一九九四年二月で万景峰号が係留されている港を目指した。いずれも北朝鮮当局に発見され、拘束されている。蓮池薫さんは怒る指導員に対して上司に伝えないよう懇願したという。「山送り」（政治犯収容所）になる可能性があったからだ。

夫の金英男氏は、めぐみさんが入院してから、招待所の食堂で働いていた「春花《チユンフア》」という女性と再婚した。食事を摂《と》るために、その食堂へよく通っていたそうだ。「極秘文書」によると、〈ヘギョン（有田注・めぐみさんの娘ウンギョン）ちゃんもその女性によくなついていた。彼女の父親は結構高位にある人物で、かつて平壌市行政委員会の局長クラス兼副委員長を歴任したそうである〉（〈蓮池夫妻による横田家に対する説明〉）。

「極秘文書」でわかったこと④　「遺骨」問題に関する経緯

極秘文書の〈拉致問題に関する現地事実調査結果（H14.9.28～10.1）時系列グラフ〉にはめぐみさんの「遺骨」問題が注記されている。

〈地村家、蓮池家は、「昨年（有田注・二〇〇二年）9月か10月に、党関係者から、『中央党の人間が平壌第49予防院でめぐみさんの遺骨を探している。夫のキム・チョルジュン氏が遺骨を持っていったというのは、遺骨を探すまでの時間稼ぎのために作ったものである』と聞いた」と述べている〉

（〈時系列グラフ〉）

時間稼ぎだったかどうかはわからない。北朝鮮が日本側にめぐみさんの「遺骨」なるものを提供したのは、二〇〇四年一一月だ。北朝鮮側から「拉致問題についての調査が完了したので報告したい」と連絡があった。調査の責任者は人民保安省（現在は社会安全省）の陳日宝《ジンイルボ》局長だった。日本側は外務省の藪中三十二《やぶなかみとじ》アジア大洋州局長、齋木《さいき》昭隆アジア大洋州局審議官、伊藤直樹北東アジア課長、警察庁から北村滋《しげる》外事課長などが参加している。初日に北朝鮮側から七時間ほどの説明があり、協議では約五〇時間の応酬があった。

藪中氏の著作『外交交渉四〇年　藪中三十二回顧録』からめぐみさんの「遺骨」に関するやりとりをまとめておく。

横田夫妻からは「どんな情報でもいいから、すべて持ち帰ってきて欲しい」と依頼されていたそうだ。北朝鮮側から、めぐみさんの夫が会いたいといっていると連絡があったため、藪中氏は警察庁の担当者をふくめ少人数で会った。最初はウンギョンさんも同席し、すぐ退席した。そのとき「キム・チョル・ジュン」と名乗った夫は、「愛していためぐみは亡くなった。その遺骨を持っているが、めぐみのご両親が平壌に来られたらお渡ししたい」と語ったそうだ。藪中氏は、「横田ご夫妻の代理で来ている。すべて任されていて、代わりにお預かりしたい」と伝えたが、「それでは困る」と立ち去ったという。しかし帰国する前日の夜、キム氏は藪中氏の滞在するホテルにやって来た。

「横田夫妻に直接渡してくれるなら遺骨を渡す。ついてはマスコミに言わないという念書を書いてほしい」というので、藪中氏は一筆書いた。そしてホテルで遺骨を受け取り、警察庁の同行者に渡したのである。以上が藪中氏の回想である。

横田めぐみさんの「遺骨」鑑定

新潟県警は遺骨の鑑定を警察庁の科学警察研究所と帝京大学法医学研究室に依頼した。科学警察研究所ではDNA検出できなかったが、帝京大学のDNA鑑定により、一カ月後に新潟県警は「別人のDNAが検出された」と発表。官房長官も記者会見で同様のコメントをした。

二〇〇五年一月二四日、朝鮮中央通信は「備忘録」という論評で、日本政府が横田夫妻に「遺骨」を渡した事実を公表しないという約束を破ったと厳しく批判した。人民保安省と法医学専門家が分析した資料に基づいて、北朝鮮側はこう主張した。

①遺骨が高温で焼かれていたため科学警察研究所ではDNA検出ができなかったのに、帝京大学では「結果」が出た。どちらか一方だけを絶対視するなら、科学性と妥当性が欠如したも

のだ。
②多くの人の手に触れて汚染された骨だから、複数のＤＮＡが検出されるのは当たり前だ。
③鑑定書に分析者名や立会人、分析機関の公印もない。

日本政府は、二〇〇五年二月一〇日に反論、北朝鮮は同年二月二四日に「遺骨の返還」を要求してきた。

この応酬に対して国際的に権威のある「Nature」誌が論評を加えた。タイトルは「拉致をめぐる日朝間の対立で燃え上がるＤＮＡ論争」で、前文は「火葬された遺骨は、１９７７年に拉致された日本人少女の運命を語らない」（「Nature ダイジェスト 日本語編集版」二〇〇五年四月号）だ。ＤＮＡ鑑定を行った帝京大学の吉井富夫講師は、これまで火葬された骨片の鑑定経験がないことを認め、こう語っていた。

「骨は硬いスポンジのようなもので、何でも吸収します。（この遺骨を）取り扱った人の汗や脂が骨の中にしみ込んでいたら、どんなにうまく洗っても（汗や脂は）とれません」

「Nature」は、さらに二〇〇五年三月一七日号で「政治と現実」という記事を掲載、「北朝鮮の声明ひとつひとつに疑義をさしはさむ日本政府の姿勢は正しい。しかし日本政府は、DNA鑑定結果の解釈にあたって、政治は科学に干渉してはならないという一線を越えてしまっている」「一部の日本人研究者は、より大規模なチームで今回のDNA鑑定を行うべきだったと主張しており、これには説得力がある。なぜ日本政府は、たった一人の研究者、それもこの件について自由に語れなくなった研究者にDNA鑑定をまかせたのだろうか?」と書いた（「Nature ダイジェスト 日本語編集版」二〇〇五年四月号）。ここで「干渉」というのは、慎重を期すべきだった科学的鑑定が日朝関係という政治的文脈で北朝鮮批判に利用されたことを意味する。「自由に語れなくなった研究者」とは、鑑定を行った帝京大学の吉井富夫講師のことで、このあと警視庁の科学捜査研究所（科捜研）の法医科長に栄転するという異例の人事があった。吉井氏は、その後、立場を理由に取材をふくめ、いっさい発言しなくなった。事実上の「口封じ」が行われたのだ。

めぐみさんの「遺骨」なるもののDNA鑑定についても、疑念が出されたからには、アメリカなど第三国で再鑑定を行えばいいとの意見もあり、そうすべきだったと思う。しかし日本政府は残った試料は新潟県警が保管しているが、鑑定できる量はすべて使ってしまったとする。
二〇〇四年一二月七日に帝京大学の遺骨鑑定結果が報告されたとき、細田博之官房長官が翌八日に「めぐみさんとは別人のもの」「本人の遺骨ではない」と記者会見したことに、ある外務省関係者は「急ぎすぎだ」と疑問を感じたという。細田官房長官がほかの資料についても早急に精査すると語ったように、政府が北朝鮮に正式に結果を伝えたのは、一二月二五日になってからだった。

「極秘文書」でわかったこと⑤　横田めぐみさん安否情報の真偽

横田めぐみさんについて蓮池夫妻、地村夫妻から政府が聞き取りした内容は生々しい。精神に問題を生じたころの様子を間近で見てきたからだ。それぞれの聞き取り内容は〈蓮池夫妻に対する聴取〉〈地村夫妻に対する聴取〉に詳しい。それを総括的にまとめたものが〈蓮池家、地村家からの聞き取り概要〉だ。そこでは横田めぐみさんについてこう書いている。

〈(イ)　聞き取り結果
「83年秋に田口さんと一緒に忠龍里招待所1地区にきて共同生活。85年秋に2地区へ移ってからキム・チョルジュン氏へ日本語を教え始め、86年8月に大陽里招待所に移ってから同氏と結婚。94年3月に義州市の49号病院（精神病専門病院）に入院。その後消息が分からず。当時の朝鮮名は、91年か92年までは『リュ・オクヒ』、それ以降は『リュ・ミョンスク（注：北朝鮮側発表のもの）』。忠龍里招待所の頃から精神状態が相当悪く、自殺未遂も何回か行っていた。2002年秋、北朝鮮当局がめぐみさんの遺骨を探していたと聞いた。」〉

〈「拉致問題に関する現地事実調査結果（H14.9.28~10.1）」時系列グラフ〉の〈報告書以外の関連情報等〉には、〈某国諜報機関にいる人物「めぐみさんは生きている。我々の情報は確かである。」（02.9）〉といった記述が並んでいるが、根拠は示されていない。ここでは、蓮池薫さんの証言を紹介しておく。

〈薫さん「めぐみさんについての報道は間違いだらけだ」（02.10.16 透さんに対し）、「めぐみさんの夫は自分と同じ特殊機関に勤めている（部署は別）。86年に平壌郊外の特殊機関の専用居住区域でめぐみさんに会った。めぐみさんが出産したとき、お祝いに行って喜ばれた。母乳があまり出ず『もっと出ればよかったのに』と話していた。乳母車を押して夫と散歩しているところを何度か見た。93年頃にノイローゼ気味で入院し、亡くなられたという噂を聞いた。夫のキムさんとは面識がある。」(02.10.16 横田夫妻に対し)〉

〈〈時系列グラフ〉の横田めぐみさんの項目にある〈報告書以外の関連情報等〉〉

だが蓮池薫さんが帰国当初にめぐみさんが「亡くなられたという噂を聞いた」と語ったのは、北朝鮮当局の指示に従ったものだろう。

さらに蓮池夫妻、地村夫妻から聞き取りを行った「拉致被害者・家族支援室」の担当者は、〈蓮池家、地村家からの聞き取り概要〉の〈10．亡命工作員発言とのクロスチェック〉にこう記している。

〈安明進氏の横田めぐみさんに関する証言については、拉致から精神病を患い入院したところまではほぼ事実に即しているが、「金正日ファミリーに日本語を教えている」という発言を含め最近の同氏の発言の信憑性については、両家から聞き取っためぐみさんの90年代前半の状況(精神状態が極めて不安定であった)からすると疑問を禁じえない。安氏は最近、韓国政府によって職を追われた由であり、収入確保のためにメディア受けする新たな証言を繰り返してい

る可能性もある。同氏の最近の証言については注意を要すべきであろう〉

安明進『北朝鮮 拉致工作員』（一九九八年三月）には「金正日ファミリーに日本語を教えている」などという記述はいっさいない。ところが『横田めぐみは生きている』（二〇〇三年三月）では、「金正日が日本語を習いたいと言い出し、拉致してきた日本人女性から日本語を習ったことがありました」と横田滋さん、早紀江さんに語っている。そのうえで、「息子の金正男《ジョンナム》か、その兄弟」の日本語教師にめぐみさんを選んだというのだ。そして、「残念ながらいまは、ここまでしか話せませんが……」と結んでいる。

横田滋さんはめぐみさんの生存をあくまでも信じつつ、最悪の可能性もあると私に語ったことがある。真相はまったく不明のままだ。ここでも重要なのは横田早紀江さんが語っていたように「私たちはただ事実を知りたいんです」とする合理的な立場だ。北朝鮮側が新たな調査結果を提示したならば、日本政府は警察庁などの専門家を総動員して、その内容を徹底して批判的に検証することである。その重く重要な作業を乗り越えないかぎり、拉致問題の真相には到達せず、日朝平壌宣言で謳《うた》う日朝国交正常化などありえない。

「極秘文書」で明らかになったこと

政府の「極秘文書」を精読してわかったのは、以下のようなことである。

①拉致被害者たちは招待所に隔離、行動を制限されながらも生活は保障され、工作員教育や翻訳作業などに従事させられていたこと、拉致被害者は「3号庁舎」（対外情報調査部、社会文化部、作戦部、統一戦線部）や人民武力部に所属していたこと。

②拉致被害者の指導員など、人的引き継ぎの継続性は杜撰だった側面があるものの、管理番号が与えられ、全体として厳格に管理されていたこと。

③一三歳で拉致された横田めぐみさんは、曽我ひとみさん、田口八重子さんと断続的にではあるが共同生活を送り、とくに住まいが近かった蓮池薫、祐木子夫妻と親密な関係があり、政府が聞き取り調査から判断したように肉体的・精神的に「深刻な内容」を抱えていた。しかし不条理で過酷な人生にあっても、〈学校、おばあちゃん、おかあさんなどの話をしたり、童謡を一緒に歌ったりしていた。めぐみさんは押し花を作るのが上手だった〉〈〈曽我ひとみさんに対する聞き取り（概要）〉〉〈家族ぐるみで付き合いがあり、よく家に遊びに行ったり、一

緒に映画を見たりもした〉〈めぐみちゃんとはよくコーヒーを飲みながら話をした〉〈蓮池夫妻に対する聴取〉〉といった日常生活を送っていた。蓮池祐木子さんとバドミントンをすることもあれば、ワインレッドのジャージを着ることもあった。

④北朝鮮側発表に明らかな虚偽のあること。

〈蓮池家、地村家からの聞き取り概要〉にはこうある。

〈自分達4名及び上記3人（横田、田口、増元）についての北朝鮮側の発表には多数、事実と異なる説明がある。（注：横田めぐみさんは北朝鮮側によれば93年死亡となっているが、94年3月ごろまで両家と同じ招待所で生活していた。また、田口さんについては83年から86年頃まで両家と同じ招待所で生活していたが原さんと結婚していた事実は無い。増元さんは79年4月に市川さんと結婚したとされているが、79年夏まで一緒に生活した蓮池祐木子さんによればかかる事実は無い。）〉

ただし聞き取り担当者の〈気付きの点〉にも留意したい。

〈上記については、意図的な情報操作・捏造の側面と、記録管理の杜撰さ故の側面があると思われる。両家によると、指導員は短期間で頻繁に交代しており、拉致当初からの経緯を知っている人間はほとんどいなかった由である〉

拉致被害者についての記録管理がきわめて杜撰に行われていたと推定しているのだ。

「極秘文書」は外交でどう活用されたか?

はたして「極秘文書」は、その後、拉致問題を解決するために有効に活用されたのだろうか。

蓮池薫さんは〈我々の情報は（有田注・北朝鮮による）再調査の結果内容を検証するためのものとして活用していただきたい〉と語っていた（〈蓮池夫妻に対する聴取〉）。その再調査とは二〇〇四年一一月九日から一四日まで平壌で行われた第三回日朝実務者協議で北朝鮮側から示された安否不明八人の調査結果だった。

田中均氏の後任として藪中三十二氏がアジア大洋州局長に就任するのは、二〇〇二年一二月、日朝首脳会談の三カ月後だ。藪中氏はその後、二〇〇五年一月に外務審議官に就任するまで、対北朝鮮外交の責任者として三回訪朝している。日本政府は帰国した五人の拉致被害者の証言をもとに、北朝鮮側の説明の矛盾を突いた。その結果、北朝鮮側は、二〇〇四年になり再調査に応ぜざるをえなくなり、横田めぐみさんの死亡時期などを修正し、その経過のなかで「遺骨」を出してきた。とくに北朝鮮が出してきた八人の「死亡確認書」は、死亡日、場所がバラバラであるにもかかわらず、横田めぐみさんを除きすべて同じ病院の発行だった。日本側の指摘により、北朝鮮側は、この「死亡確認書」が当時急きょ作成したものであり、誤りだったことを認めざるをえなかった。この一連の交渉を外務省では「藪中ミッション」と呼んでいた。

なお、「極秘文書」は、その後、新聞社、通信社の記者たちも入手している。だが「極秘文書」の存在と内容のごく一部を記事にしたのは、「週刊文春」(「政府『極秘文書』解禁　横田めぐみさんの『消息』」二〇一七年一一月二日号)だけだった。

小泉純一郎政権以降の自民党政権、民主党政権の日朝交渉に成果はあったのか。「極秘文書」の聞き取り者は、こう指摘していた。

〈なお、現在、拉致問題の対応は、国家安全保衛部(注:秘密警察)が仕切っており、その結果、硬直的な対応になっている、という保志さんの発言には、今後の北朝鮮に対するアプロー

チを検討する上で、留意する必要があろう〉〈蓮池家、地村家からの聞き取り概要〉）

この分析が行われた二〇〇四年から安倍政権が退陣する前の二〇一八年ごろまで、実際に日朝の水面下交渉には国家安全保衛部の日本担当者が関わってきた。

第一部で分析してきたことをまとめると、第一に、「極秘文書」は、安倍元総理も政府も公式には認めないが、実際には存在し、北朝鮮による日本人拉致の実相を当事者の証言によって詳細に明らかにしたきわめて資料的価値が高いものだということである。小泉純一郎政権時代には、外交交渉を有利に進めるための基本課題としての「インテリジェンス」＝拉致被害者からの聞き取りと分析が行われた。小泉訪朝を実現する環境を整え、準備したのも外務省による粘り強く、厳しい交渉にあった。これまで紹介してきた「極秘文書」にある通り、北朝鮮による人権侵害と主権侵害の実態は、「極秘」のもとに死蔵されるべきではなく、より広く知られていい。

第二に、拉致被害者の証言には安否不明者の情報も多く、北朝鮮側に問い正すことがらはいまなお多い。拉致された被害者に管理番号が与えられていた事実からは、まだ明らかになっていない被害者の存在が推測される。被害者たちは北朝鮮での行動を「評定書」に記録されていた。日本政府は安否不明者の記録を北朝鮮に提出させることがいまだにできていない。

第三に、さらに重要なことは、第二部で明らかにするが、ある政府認定拉致被害者と拉致の可能性を排除できない行方不明者の生存情報が北朝鮮からすでに伝達されていることである。政府は帰国した被害者の証言をまとめた「極秘文書」から、北朝鮮の主張する虚偽を暴いてきた。政府はこうした経験や教訓を生かして、北朝鮮が生存すると伝達した被害者に接触をして、聞き取りを行い、日朝交渉の新たな次元を切り拓《ひら》かなければならない。

これらの課題を実現するには小泉訪朝を実現し、北朝鮮に拉致を認めさせた外務省の地道な交渉の教訓に立ちかえることである。さらにいえば、外務省が「極秘文書」を有効に活用する外交を行ったように、担当省庁に蓄積された経験と知恵を総合して十分に活かすことである。その実際の外交の姿も第二部で詳しく紹介、分析していく。

二〇〇二年と二〇〇四年の北朝鮮との首脳会談からいままで、拉致問題はなぜ進展がないのだろうか。日本外交の軌跡をたどれば、おのずから問題点が明らかになる。

私の視点からいえば、小泉訪朝を実現した外務省による質の高い「ヒューミント」に基づいた外交から、安倍晋三政権が外交経験の貧しい「官邸外交」にシフトしたことに最大の問題があった。「極秘文書」が生かされなくなった過程ともいえよう。歴史的な小泉訪朝から、拉致問題を「最重要課題」としつつも憲政史上最長政権にして成果を上げられなかった安倍政権。いったい何があったのか。日朝外交交渉の軌跡と問題点を検討していく。

第二部
外交の問題

2002年9月17日、小泉純一郎総理訪朝。金正日国防委員長は日本人拉致の国家による関与を認め謝罪し、国交正常化の後に日本からの経済援助等を約束する「日朝平壌宣言」に署名した。写真＝時事（代表撮影）

第三章　拉致問題解決への道筋を検証する

一九六五年、日韓国交正常化。

一九七二年、日中国交正常化。

いまや日本政府の北東アジア外交での課題は、北朝鮮との国交正常化を残すのみである。戦後外交の「空白」を埋めるこの歴史的な課題は、二〇〇二年に訪朝を果たした小泉純一郎政権の大いなる挑戦であった。訪朝とそれに続く拉致被害者の帰国によって、一気に問題解決に進むかに見えたが、拉致問題により反北朝鮮ムードで沸騰した世論が政治を動かし、国交正常化実現には至らなかった。総理や外務省にとっては、北朝鮮との国交正常化はレガシー（遺産）になるだろうが、被害者家族にとっては、拉致問題解決こそ目的である。

北朝鮮はそれまで拉致問題など存在しない、そうした報道は捏造《ねつぞう》されたもので、攻撃だとする立場で一貫してきた。メディアでの拉致疑惑報道も、日本では半信半疑で捉えられていた。

大韓航空機爆破事件で逮捕された金賢姫《キムヒヨンヒ》が自分に日本語教育をしたのは、拉致被害者の「李恩恵《リウネ》」＝田口八重子さんだと証言し、警察の捜査で確定した。そのあとも日本代表団が交渉でそれを指摘すると、北朝鮮側は「そんな人間はいない」と激昂《げきこう》して席を立つほどだった。

ところが金正日《キムジョンイル》国防委員長が拉致を認め、わずか一三歳で拉致された横田めぐみさんが「死亡」と公表され、蓮池夫妻、地村夫妻が子どもを育て、政府も知らなかった曽我ひとみさんが拉致されていたことなど、生々しい情報が噴出したことに日本人が驚き、北朝鮮への怒りが高まった。その世論が日朝関係を前に進めるものにはならなかったのは当然だろう。

それ以降の歴代政権も、北朝鮮との国交正常化を一貫して方針としているが、拉致問題に加えて、核、ミサイル問題の解決が前提となるため、たび重なる日朝交渉にもかかわらず、いまなお進展は見られない。

だが二〇年たって解決に向かわなかったのは、世論や北朝鮮側の理由だけだっただろうか。日本の対北朝鮮外交のどこに問題があったのか。歴史的経過をたどり検証してみよう。

小泉訪朝からストックホルム合意まで

まず、政府認定拉致被害者の公式な状況をあらためて振り返っておく。

小泉総理がはじめて北朝鮮を訪れたのは二〇〇二年九月一七日。

この時点で日本政府が認定していた拉致被害者は、九件一三人だった。

そして、小泉総理と金正日国防委員長の会談で、曽我ひとみさんの名前と生存が伝えられた。

ひとみさんは母のミヨシさんとともに、一九七八年八月に拉致されていた。

日本政府はさらに、二〇〇五年に田中実さん、二〇〇六年に松本京子さんを認定。

政府認定拉致被害者は、あわせて一二件一七人となっている。

なお、一九七四年六月に福井県小浜市から姿を消した高敬美《コキヨンミ》さん（当時七歳）、高剛《コガン》さん（当時三歳）の姉弟も拉致と認定されたが、朝鮮籍であるため拉致被害者支援法の対象とならず、政府は認定拉致被害者にふくめていない。


警察庁は「日本人が被害者である拉致容疑事案12件（被害者17人）及び朝鮮籍の姉弟が日本国内から拉致された事案1件（被害者2人）の合計13件（被害者19人）を北朝鮮による拉致容疑事案と判断するとともに、拉致に関与したとして、北朝鮮工作員等11人について逮捕状の発付を得て国際手配を行っている」（警察庁警備局「治安の回顧と展望」令和2年版）としている。

歴史的な訪朝はどのように実現したか

北朝鮮が絶対に認めることのなかった日本人拉致を認めさせ、被害者五人と家族の帰国を実現し、拉致問題の存在を明るみに出した小泉訪朝は大きな成果を収めた。この歴史的な訪朝はどのようにして実現されたのだろうか。

外交の成果は、本交渉に先立つ水面下の交渉によって生まれる。司馬遼太郎はこう語っていた。

「つまり、外交の問題というのは、大体利害の対立ですから、大変にしのぎ難いものでしょう。十九世紀であれば、戦力に訴えるということになった問題でも、今日では話しあいで、利害得失の折り合いをせねばならない。これは議場でやるより、事前において打ち合わせをして大体の結論を出すわけですね。本会議などは、セレモニーにしか過ぎないんで、事前の打ち合わせが一年かかるか、三カ月かかるか……」

（「日本人よ〝侍〟に還れ」（萩原延壽《はぎはらのぶとし》との対談）『歴史を考える』）

司馬に倣えば、日朝交渉でいえば、第一回の小泉純一郎―金正日会談が「本会議」に当たり、

「セレモニーにしか過ぎない」ことになる。日本国民は、日朝首脳会談が行われることを、二〇〇二年八月三〇日午後の小泉純一郎総理の記者会見で、突然知らされた。日本がアメリカに小泉訪朝を知らせたのは、その三日前の八月二七日だ。小泉総理がリチャード・アーミテージ米国国務副長官とハワード・ベーカー米国駐日大使に面談、そこで国交正常化交渉をはじめるため、九月一七日に訪朝すると伝えた。小泉総理は「絶対に情報が漏れないよう」外務省に指示した。韓国、中国、ロシアにも総理訪朝発表の前に竹内行夫外務事務次官が、駐日大使に事前説明をしている（竹内行夫『外交証言録』、船橋洋一『ザ・ペニンシュラ・クエスチョン』）。

会談が実現したきっかけは、外務省の田中均《ひとし》アジア大洋州局長が小泉総理にアジアで唯一残された北朝鮮との国交正常化実現を提案したことだ。二〇〇一年一〇月、田中氏は小泉総理と一時間ほど面談、豊臣秀吉の朝鮮侵略、日清・日露の戦争で朝鮮半島が戦場になった歴史から説き、「朝鮮半島に平和をつくるため、北朝鮮と交渉したい」と打診した。小泉総理は「あなたと僕だけの秘密厳守で」と言ったそうだ。

当初は小泉訪朝を準備するのが目的ではなく、諸懸案のなかでとくに拉致問題を解決するための交渉を進めるのが主眼であった。田中氏はそれから週末を利用して、北朝鮮の軍人で国防委員会に所属していた「ミスターX」こと柳京《リユギヨン》と、二〇〇一年一〇月から二〇〇二年九月までのほぼ一年に約三〇回の極秘交渉を重ねていった。最初の会談は中国の大連、その後はマカオや上海《シャンハイ》などで行われた。田中氏は土曜日の午後に日本航空機で移動し、夕方から翌日の昼まで交渉、日曜日中に日本に戻ることをほぼ二週間にいちど繰り返した。協議が進むにつれ、核問題、ミサイル問題、過去の清算など、多様な問題の解決への突破口を開くには、首脳会談の実現を念頭に置いたほうがいいと田中氏は考えるようになった。

この交渉の結果が小泉総理の電撃訪朝であり、その果実としての日朝平壌《ピョンヤン》宣言だった。

「これ（有田注・小泉訪朝）に先立つ一年の間、私は北朝鮮と水面下の交渉を行った。長い交渉とはいえ、これは外からは見えない水面下の交渉であった。その結果、小泉首相の訪朝は唐突に受け止められた」

「とりわけ秘密保持についての総理の指示はとても厳格だった。総理、官房長官、官房副長官（事務）、外務大臣、事務次官、そして交渉担当者たるアジア大洋州局長というラインに限る。とにかく少数に限れというのが、総理の強い指示であった」（田中均『外交の力』）

「とにかく少数」とは、具体的には、八人である。官邸では総理、官房長官、古川貞二郎官房副長官の三人のみ。外務省では大臣、事務次官、アジア大洋州局長、北東アジア課長と通訳の事務官の五人である（竹内行夫『外交証言録』）。「官房副長官（事務）」は、本来官僚出身者が就くポストだ。政務の官房副長官だった安倍晋三《しんぞう》氏が小泉訪朝を知らされたのは、国民に公表されたのと同じ八月三〇日だ。安倍氏自身が、二〇〇二年一〇月一〇日の衆議院外務委員会で、こう答弁している。

「確かに、私が知りましたのは、発表された三十日の朝でございます」

私邸から官邸へ向かう車にかかってきた電話で、突然知らされたのだった。

小泉総理は、拉致問題に関心が強い安倍氏に伝えると、情報が漏れると判断していた。福田康夫官房長官は事前に知らせようと進言したが、小泉氏は国民と同時でいいと主張した。福田氏は「かわいそうだから」とさらに説得し、お昼のＮＨＫニュースが速報で報じる前に知らせることになった。

いまも語られる「拉致の安倍」神話の真相

安倍晋三という政治家が総理にまで上りつめた大きな理由は、拉致問題に対する日本国民の激しい怒りを背景に、北朝鮮に対して常に強硬路線を主張し、実行してきたことにある。「拉致の安倍」のイメージが定着したため、必ず解決に向けて行動してくれるだろうと多くの国民が期待し、信じてきた。しかし、その内実は、つくられた「神話」が多く、根拠がなくとも「当たり前じゃないですか」と断定口調で語ることで「強い安倍」を演じてきた。

ここで「拉致の安倍」神話について触れておく。安倍氏が父・晋太郎議員の秘書をしていたとき、拉致被害者である有本恵子さんのご両親から陳情を受け、拉致問題に関心を持ったのは事実だ。しかし小泉訪朝に至る過程においては、官房副長官であったにもかかわらず最終段階まで「蚊帳《かや》の外」に置かれていたのが実態である。

また、いままでも語られる安倍氏にまつわる拉致問題関係のエピソードにこんなものがある。平壌の百花園（迎賓館）で行われた日朝首脳会談の午前中一時間半ほどのやりとりで、金正日国防委員長は拉致を認めなかった。昼食のときに安倍氏が、盗聴されていることを承知のうえで「拉致を認めなかったら日朝平壌宣言にサインをせず、帰国しましょう」と大きな声で語ったおかげで、午後の会談で北朝鮮が拉致を認めて謝罪した、というものだ。

ところが現場にいたある人物は、私の取材に「そんなことがありましたかねえ。違うんじゃないですか」と否定した。小泉総理たちは迎賓館で日本から持参したオニギリを食べながら、テレビの音量を最大にして「午後の会談で拉致を認めなければ席を立って帰ろう」と語りあったことは事実だ。北朝鮮への対応は関係者の総意であって安倍氏だけが突出していたわけではない。

そもそも首脳会談のはじまる直前には田中均アジア大洋州局長に「五人生存、八人死亡」は伝達されていたから、最後まで拉致を否定することなどありえないのだ。午後の会談で金正日国防委員長は、手もとのメモを見ながら、拉致は一部の妄動主義者が行ったことを認め、謝罪し、生存者の帰国と事実関係の調査を約束した。

一〇月一五日に五人の拉致被害者が日本へ「一時帰国」したときの対応についても、「安倍神話」がある。安倍氏は、五人を北朝鮮へ戻さないことは自分が判断したと語っている。だが事実は違う。拉致被害者の蓮池薫《はすいけかおる》さんたちは、家族などの説得もあって、北朝鮮に戻らないと自分たちで決めた。そして、残してきた子どもたちを連れて来ることを日本政府に託したいと、拉致被害者・家族担当の中山恭子内閣官房参与に電話で通告したのだ。決して安倍氏が独自に努力した結果ではなかったのである。政府は一体となって動き、北朝鮮に対して、拉致被害者ではなく、政府が決めたことにしたのだ。

私は拉致被害者を北朝鮮に帰すべきではないと当時思っていた。犯罪行為を行った北朝鮮に戻すなどということはあってはならないと判断したからだ。「原状回復」が原則だ。しかし当事者にすれば、家族を北朝鮮に残したままの決断である。どれほどの苦悩と逡巡があっただろうか。

蓮池薫さんは、『拉致と決断』でこう回想している。

「帰国して十年。

思えばこの十年は、あの日の決断から始まった。私たちを拉致した、しかし私たちの子どもたちが残されている北朝鮮に戻るのか。それとも生まれ育ち、両親兄弟のいる日本にとどまって子どもを待つのか。苦悩の末に私が選んだのは後者だった」

蓮池さんは妻の祐木子さんとの凄まじいやりとりを紹介しながら、こう書いている。

「何が決め手になったのか、最後には私の言うこと、というより、私自身を信じてくれた。本当にありがたかった。なぜならこの決断が、いつまで続くかわからない、子どもたちとの別離という耐え難い苦痛を伴うからだった」

三家族を取材していた記者は、当時をこう振り返る。

「蓮池薫さんが家族や友人に説得され、いちばん早く北朝鮮に帰らないと決意しました。地村さんも、ほぼ同時です。最後まで北朝鮮に戻ることにこだわったのは曽我さんでした。家族と一緒にいることが最優先と思っていましたから。日本に永住することにはこだわっていませんでした。夫のジェンキンスさんが日本に来てくれるのかどうかが不安だったのです」

こうして拉致被害者たちは、自らの苦渋の決断で日本に留まることになった。その判断を、あたかも自分の手柄であるかのように世論受けを狙ったのが安倍晋三官房副長官であった。

安倍政権の成果は「ストックホルム合意」

「ありとあらゆる可能性、様々なアプローチ、私も全力を尽くしてきたつもりであります」

「特にこういう外交はそうなのですが、御説明できませんが、言わば考え得るあらゆる手段を採ってきているということは申し上げたいと思います」

安倍総理は唐突に辞任を表明した二〇二〇年八月二八日の記者会見で、拉致問題についてこう語り、「この手で解決できなかったことは痛恨の極みであります」と眼を潤ませ、声を震わせた。私は第二次安倍政権の成果は、横田滋《しげる》、早紀江《さきえ》夫妻が希望しためぐみさんの娘、キム・ウンギョンさんとのはじめての面会を実現し、さらにストックホルム合意（二〇一四年）を結んだことだと評価している。だが新たな拉致被害者を帰国させることはできなかった。

　しかし前項のように小泉政権の官房副長官時代、北朝鮮への強硬姿勢で注目を集めたことが、安倍氏の第一次政権（二〇〇六～二〇〇七年）、第二次政権（二〇一二～二〇二〇年）の成立につながった。被害者家族も国民も安倍総理に拉致問題の解決を期待したのだ。

　第一次安倍政権は二〇〇六年九月二六日に発足、九月二九日にはじめて拉致問題対策本部が設置され、一〇月一六日に一回目の会合が行われた。二〇〇七年九月二六日に安倍総理が退陣、福田康夫政権を経て麻生太郎政権になった二〇〇八年一〇月一五日に二回目の会合が開かれている。二〇〇九年九月一六日に民主党政権が発足すると、一〇月一三日に拉致問題対策本部が設置され、二〇一一年一二月二七日までに六回の会合が開かれた。第二次安倍政権が誕生すると、二〇一三年一月二五日に拉致問題対策本部が設置され、その日に一回目の会合を開き、二〇一四年一一月二八日の三回目の会合をもって、二〇二〇年九月一六日の退陣まで開かれることはなかった。いずれも拉致問題対策本部の責任者は総理で、問題解決のための司令塔である。

　拉致問題を「最重要課題」とする第二次安倍政権までにはいくつかの重要な動きがあった。福田康夫政権と野田佳彦《よしひこ》政権（民主党政権）である。

民主党政権の挑戦と失敗

福田康夫政権の二〇〇八年八月一一日、一二日、中国の瀋陽《しんよう》で、外務省の齋木《さいき》昭隆アジア大洋州局長と北朝鮮の宋日昊《ソンイルホ》外務省朝日会談《ちょうにち》担当大使が会談、「拉致問題に関する調査の具体的態様」について六項目の合意がなされた。「拉致問題の解決に向けた具体的行動」として「生存者を発見し帰国させるための」「全面的な調査」を行い、さらに「提起された行方不明者」をふくむ「すべての拉致被害者」を対象とするという内容だった。

日本側は北朝鮮が調査委員会を立ち上げることに対応して、人的往来とチャーター便の規制解除を約束した。この夏に超党派の訪朝で地ならしをして、秋にも福田総理が訪朝するという段階的な準備もなされた。拉致問題がさらに進展するかという期待が大きく高まった。しかし、九月一日に福田総理が突然の退陣表明を行ったため、この動きは潰《つい》えてしまった。

二〇〇九年九月に民主党政権が誕生する。

鳩山由紀夫政権下の二〇一〇年から野田佳彦政権の二〇一二年にかけ、衆議院の北朝鮮による拉致問題等に関する特別委員会の委員長を務めていた城島光力《じょうじまこうりき》議員が、北京《ペキン》で朝鮮労働党の関係者と四回協議したことがある。テーマは拉致問題に加えて北朝鮮で亡くなった日本人遺骨問題である。日本の外務省と北朝鮮の外務省の交渉がきっかけとなって、やがてストックホルム合意に結実する。

続く菅直人《かんなおと》政権の二〇一〇年一〇月一五日、私は総理に呼ばれ、三時間ほど拉致問題について話をした。そのとき「拉致問題で失敗すれば内閣が吹っ飛ぶ」と菅氏から聞いた。それは民主党政権だけでなく、自民党政権でも同じだろう。日本政治において、北朝鮮による拉致問題とは、かくも重い課題となっていたのだ。

菅政権においては、二〇一〇年七月二〇日に中井洽《ひろし》拉致問題担当大臣が、情報収集を理由に韓国から金賢姫を来日させた。軽井沢にある鳩山由紀夫元総理の別荘で、田口八重子さんの兄の飯塚繁雄さん、長男の飯塚耕一郎さんと面会している。増元るみ子さんの家族ら六家族九人とは宿泊先の帝国ホテルで面会した。軽井沢から東京までは、ヘリコプターをチャーターするなど、招聘《しょうへい》費用に約二〇〇〇万円かかったとされ、無駄遣いとして批判された。金賢姫来日に先立つ四月四日から八日まで、元朝鮮労働党国際担当書記で、一九九七年に韓国に亡命した黄長燁《ファンジャンヨプ》が来日した。菅政権での目立った動きはこれぐらいだった。

菅政権は二〇一一年三月一一日の東日本大震災とそれにともなう福島第一原発事故という国難への対応に追われることになり、北朝鮮との交渉は進まなかった。

二〇一一年九月から二〇一二年一二月の野田佳彦政権では活発な動きがあった。当時は北朝鮮と交渉する六つのルートがあったとされる。たとえばしばしば訪朝していた東京渋谷区議会議員のルートであり、「金正日の料理人」だった藤本健二氏のルートなどである。

二〇一二年五月一四日、北京に入った芦沢一明《あしざわかずあき》渋谷区議は、一五日から三日間の予定で訪朝、北朝鮮側に「拉致問題解決につながるなら北朝鮮でもどこにでも行く」とする松原仁《じん》拉致問題担当大臣秘書の信書を、朝鮮対外文化連絡協会の黄虎男《ファンホナム》日本局長に渡した。黄氏は日本担当で、二〇〇二年と二〇〇四年に小泉純一郎総理が金正日国防委員長と会談したとき通訳を務めている。

大臣秘書の信書は、黄氏から上部に伝達されたが、松原大臣の過去の言動が問題になった。「これまでの発言から見て、共和国を破壊する目的があるので、厳しく見ている」というのだ。朝鮮中央通信は、松原大臣が北朝鮮への人道支援に否定的な発言をしたことに対して、三月一〇日に「無分別な人気取り」と批判していた。北朝鮮側は信書に対し、「提案が本当なら言動で示してほしい」「これからも注視している」と芦沢区議に答えている。

藤本健二氏は、二〇一二年七月に訪朝する。七月二一日に平壌にある八番宴会場で金正恩《キムジョンウン》国防委員長たちと宴席をともにしたとき、藤本氏は通訳を通して手紙を読み上げたが、その一節にはこうある。

「すべての日本人は、横田めぐみさんたちの一日も早い帰国を願っています。政府も、この問題を専門に担当する大臣を置いているぐらいです。

私は、テレビの番組で、その松原《まつばら》大臣と知り合いになりました」

藤本氏は手紙のなかで、「松原大臣の言葉に嘘はないと思いますし、信頼できると思います」と持ち上げていた。その次に予定されていたのは、藤本氏が再訪朝するとき、野田総理の金国防委員長への親書を持参するという計画だった。だが、藤本氏は松原仁大臣と面会し、総理親書を待ったにもかかわらず、すでに実務レベルで日朝交渉がはじまっていたことを理由に、野田総理が断ったという（藤本健二『引き裂かれた約束』）。

小泉訪朝の準備をしたときに田中均氏がつくった人脈のように、北朝鮮トップとつながるルートの開拓は容易ではない。一民間人とはいえ、金正恩国防委員長に直接接触できる人脈は貴重だった。正式ルートで日朝交渉がはじまっていたとしても、活用すべきだったと私は思う。

ただし藤本氏が日本の捜査当局とも関係していたことがその後明らかになり、北朝鮮側は藤本氏と金正恩との関係を絶ってしまう。

野田政権時代には、情報ブローカーに騙される失態もあった。拉致問題が社会問題化すると、とくに被害者の情報があると持ちかけて、金銭を要求する人物たちが現れた。ある国会議員は、生存情報があると持ちかけられ、五〇〇万円を騙し取られた。政府もまた「重要情報」を持ち込まれたことがある。その「重要情報」に基づいて、拉致問題の解決に向けて北朝鮮の平壌に向かう全日空のチャーター機が準備されたのは、二〇一二年三月四日だった。官房長官が航空会社に依頼し羽田《はねだ》空港に待機させたのだった。このチャーター機はズルズルと四月まで確保され、結局キャンセルされた。拉致被害者を連れて戻るつもりだったという。なお拉致問題を利用する情報ブローカーは、過去の問題ではない。民主党政権だけでなく、自民党政権もまた、情報に振り回されてきたのだが、現状についてはのちに触れる。

民主党政権で唯一の日朝政府間協議は、二〇一二年一一月一五日、一六日にモンゴルのウランバートルの政府迎賓館で行われた。自民党政権のときから四年ぶりだ。杉山晋輔《しんすけ》アジア大洋州局長と宋日昊外務省朝日会談担当大使を責任者にして、二日間一一時間の協議では、拉致問題、拉致の可能性が排除できない行方不明者問題に加えて、日本人遺骨、残留日本人、いわゆる「日本人妻」、「よど号」事件など、「日本人にかかる諸問題」が話し合われた。二回目の協議は一二月五日、六日に予定されたが、一二月一日に北朝鮮がミサイル発射実験を行ったので、延期された。

ここで重要なことは、小泉訪朝同様、政府間交渉が実現する前に水面下の事前交渉が行われたことである。まず民主党の事務局長が野田総理の指示で極秘訪朝した。これは朝鮮総連ルートによって実現し、ノービザでの訪朝だった。なお外務大臣にも官房長官にもこの訪朝は帰国するまで秘匿されていた。

このとき、事務局長の一週間の滞在で宋日昊大使など三人と四日間それぞれ四時間ほどの協議を行っている。拉致問題について、北朝鮮側は、「日本政府の調査団を三カ月でも半年でも受け入れるので、徹底して調査していい」と提案してきた。

野田総理からは平壌での非公式協議で「経済制裁を解除するとは絶対に言わないように」と注意があった。モンゴルでの政府間協議の日程や記者に取材されたときの発言内容のすり合わせなども、この水面下交渉で調整が行われた。宋日昊大使は「(拉致被害者を) ひとりでも残しておけばよかった。亡くなったものはどうにもできない」と語ったそうだ。だが民主党政権下でも、拉致問題をふくむ日朝交渉の成果はなかった。

三年三カ月の民主党政権のとき、拉致問題担当大臣は九人を数えた。一年に三人である。ここに民主党政権の混迷を見ることもできる。私が神奈川県藤沢市で開かれた拉致問題の集会に出席したとき、ある拉致問題担当大臣が、横田滋さんの横で居眠りをしていた光景を思い出す。言語道断である。北朝鮮と拉致問題に関心を持つ議員が担当大臣になることは前提だ。民主党政権での教訓は、北朝鮮と交渉するには、非公式協議を行い、そのうえで外務省を通じた公式協議に進むという、対北朝鮮外交の基本を確認したことである。拉致情報を商売で持ちかけてくる者たちのルートで日朝交渉が進展したためしはない。

日朝「ストックホルム合意」への道

民主党政権に続いて成立した第二次安倍政権。発足直後の二〇一二年一二月二八日に安倍総理は拉致被害者家族たちの前で「完全に解決する」と約束した。当初は北朝鮮との交渉は基本的に小泉政権時の交渉の流れを引き継いだ外務省に任せ、その結果、二〇一四年に「ストックホルム合意」が締結される。これが横田夫妻とめぐみさんの娘との面会を実現したことと並んで安倍政権における成果といえる。

二〇一四年五月二六日から二八日まで、スウェーデンのストックホルムで日朝の当局者による協議が行われた。日本側の代表は外務省の伊原純一アジア大洋州局長。北朝鮮側の代表は宋日昊外務省朝日会談担当大使だった。合意の内容を概観するため、冒頭部分を引用しておく。なお合意文書は交渉の現場で作成された。

「双方は、日朝平壌宣言に則って、不幸な過去を清算し、懸案事項を解決し、国交正常化を実現するために、真摯に協議を行った。

日本側は、北朝鮮側に対し、1945年前後に北朝鮮域内で死亡した日本人の遺骨及び墓地、残留日本人、いわゆる日本人配偶者、拉致被害者及び行方不明者を含む全ての日本人に関する調査を要請した。

北朝鮮側は、過去北朝鮮側が拉致問題に関して傾けてきた努力を日本側が認めたことを評価し、従来の立場はあるものの、全ての日本人に関する調査を包括的かつ全面的に実施し、最終的に、日本人に関する全ての問題を解決する意思を表明した。

日本側は、これに応じ、最終的に、現在日本が独自に取っている北朝鮮に対する措置（国連安保理決議に関連して取っている措置は含まれない。）を解除する意思を表明した」

この文章に続いて、日本と北朝鮮の「行動措置」が明記され、「そのために緊密に協議していく」とされた。

このストックホルム合意が成立に至るには、外務省の交渉以外にもうひとつ前提があった。二〇一四年五月の協議から二カ月前の三月一〇日から一四日、モンゴルのウランバートルで横田滋さん、早紀江さん夫妻が、拉致されためぐみさんの娘であるキム・ウンギョンさんとその娘にはじめて面会していたのである。

この面会を実現するための日朝間交渉は、数カ月にわたって行われていた。共同通信客員論説委員の平井久志さんによれば、次のような経緯があった。


「外務省は横田夫妻の希望を実現するために北朝鮮側と非公式協議を行った。具体的には、2014年1月25〜26日にベトナムのハノイで、さらに2月22〜23日には香港で協議を行ったとみられた。

こうした非公式協議を経て、3月3日に中国の瀋陽で日朝赤十字会談を持ち、同時に小野啓一外務省北東アジア課長（当時）と北朝鮮外務省の劉成日（リュ・ソンイル）課長の日朝政府間非公式協議も実施し、横田夫妻の孫娘との面会を確認した。そして横田夫妻は3月10日から14日にモンゴルのウランバートルでめぐみさんの娘、キム・ウンギョン一家との面会を実現し

2014年3月、モンゴルのウランバートルで横田めぐみさんの孫娘と横田滋さん、早紀江さん

同日、横田めぐみさんの娘ウンギョンさんとその娘を抱く横田早紀江さん
写真提供／有田芳生事務所

た」

（「フォーサイト」二〇二〇年九月一三日）

補足すると、横田滋さん、早紀江さんが、ウンギョンさんと面会する決断をしたのは、二〇一三年一〇月三一日。おふたりは安倍晋三総理と岸田文雄外相に「自分たちも歳《とし》を重ねてきて、この時期を逃したら会えないかもしれない、ぜひ会いたい」という趣旨の手紙を書いた。それが外務省を通じて安倍総理に届けられ、面会計画が動き出したのである。かくして北朝鮮との交渉を経て、外務省職員のウランバートルへの先遣隊派遣が行われた。そしてその後モンゴルでの面会が実現したのだ。この一連の協議の延長線上にストックホルム合意があったといえる。

「朝日新聞」の鈴木拓也記者は「日朝秘密交渉を追う（上）（下）」（二〇二一年一〇月一八日、一九日）というネット記事で、こう書いている。

「外務省はまず、横田滋さんと早紀江さん夫妻に、ウンギョンさんと面会する意思があることを確認した。その上で、斎木昭隆外務事務次官（当時）が首相官邸で安倍氏に提案した。『もしうまくいけば、拉致問題の解決に向けた本格交渉の再開につながります』。安倍氏は『うん、わかった。それで進めてほしい』とゴーサインを出したという」

（「朝日新聞デジタル」二〇二二年一〇月一九日）

横田夫妻の希望だった人道的な観点からの面会を実現する交渉を通じて、日朝間で信頼関係が深まり、ストックホルム合意へと進んだのである。拉致問題も進展するかと期待されたが、残念ながらその後合意は具体化されず、「死文化」してしまった。

その原因は、北朝鮮が二〇一六年に核実験とミサイル発射実験を行ったことをきっかけに、日本が独自制裁を復活させたためだとされている。

これがいまも公式的な理解になっているのだが、じつはいくつかの伏線がある。そのひとつは安倍政権の対北朝鮮外交における混迷だ。北朝鮮は、強固な政治的基盤を持つ安倍政権のもとで交渉を前に進めたかった。むしろ保守色の強い安倍政権だからこそ、右派議員や右派論調も抑えられると判断していた。北朝鮮は安倍外交の行方を注視していたのだ。

封印された北朝鮮からの情報

北朝鮮はストックホルム合意後の水面下交渉で、二〇一四年秋と二〇一五年に重大な情報を日本側に通達していた。政府認定拉致被害者である田中実さんと、認定はされていないが拉致の可能性を排除できない行方不明者の金田龍光《かねだたつみつ》さんが、平壌で生存しているというのだ。

田中実さんは神戸出身。幼いころ両親が離婚し、養護施設で育った。金田龍光さんも同じ施設で育ち、同じラーメン店で働いていた。その店主が北朝鮮の工作員で、田中さんはそのかされて一九七八年六月六日に成田からオーストリアのウィーンに向かい、陸路でモスクワへ移動し、平壌に入った。その後、金田さんのもとに筆跡が異なる「田中さん」からの手紙がオーストリアから届き、上京、行方不明となる。

北朝鮮は、田中さんについては二〇一四年まで「未入国」としていたのに、一転して拉致を認めたのである。

しかし政府は、この情報を公表しなかった。そのことから、拉致問題を「最重要課題」と称していた安倍政権の本音が見える。横田めぐみさんや有本恵子さんたち「死亡」したとされる拉致被害者の「生存」情報でなければ認めないのだ。政府の「極秘文書」には、蓮池夫妻が目撃した日本人男性が誰かを特定するため、田中実さんの写真を見せたが、判断がつかなかったとある。

〈（祐木子さん）83年か84年頃、管理員（世話係）のおばさんから、「反対側の地区の1号と2

号に年配の男性2名がいる。一人は労働者でおばさんが結婚したがっている。もう一人は料理士で痩せている。4・25（注：人民軍創建記念日）の時に軍への差し入れ料理を綺麗に盛り付けていた。両方とも朝鮮語はできない。」と聞いた。自分は2地区に移った後にその「年配の男性」らしき男性2名が映画館から出てくるのを遠巻きに見たことがある。二人とも背は低く、一人は痩せ型、もう一人は太っていた。年齢は40代ぐらいだった。（ここで当方より、原さんと田中実さんの写真を見せたところ）顔はあまり覚えていないので、よく分からない〉

〈蓮池夫妻に対する聴取〉

田中さんと金田さんは、蓮池夫妻、地村《ちむら》夫妻、曽我ひとみさんとは異なる組織によって拉致されたのだろう。

さて、田中実さんと金田龍光さんの生存情報を伝達された日本政府はどう対応したのだろうか。伝達からおよそ五年後の共同通信の解説記事が、驚くべき内実を明かしている。見出しは「北朝鮮拉致情報、政府高官が封印」だ。だが、全国配信されたものの、地方紙に記事全文が掲載されることも少なく、大手紙は「確認が取れなかった」（某紙記者）ため、共同通信の独走だった。解説の一部を引用する。

「（解説）日本政府高官が２０１４年、拉致を巡る新情報を北朝鮮から伝えられながら公表しないことを決めていた。02年の日朝首脳会談で北朝鮮が拉致を認めて以来、被害者５人や家族の帰国以外に進展はなかった。それだけに、田中実さんと金田龍光さんが生存しているとの情報を、日本が北朝鮮から引き出したのは成果といえるはずだ。被害者家族はもちろん多くの国民が交渉の行方を注視している。成果の一端を開示すべきだ。

２人は結婚し、平壌で家庭を持って暮らしており『帰国の意思はない』とも伝えられた。日本政府が再三、安否確認を求めている横田めぐみさん＝失踪当時（13）＝ら政府認定の被害者については、新情報は寄せられなかった。政府高官は『驚きと無念さが交錯した』と振り返る」

（二〇一九年一二月二六日配信）

共同通信は続けて、

「政府高官が『（2人の情報だけでは内容が少なく）国民の理解を得るのは難しい』として非公表にすると決めていたことが26日、分かった。安倍晋三首相も了承していた」

「菅義偉官房長官は共同通信の取材に『今後の対応に支障を来す恐れがあることから、具体的内容について答えることは差し控える』とコメントした」（二〇一九年一二月二七日配信）

と報じた。北朝鮮が田中さんと金田さんが平壌で生存していると伝えてきた事実を、政府が秘匿し、それを安倍総理も認めていたというのである。菅義偉《すがよしひで》官房長官（のちに拉致問題担当大臣）が猛反対したというが、情報不開示の最終的判断者が安倍総理であることはいうまでもない。

安倍総理はなぜ、重大情報を伏せたのか

私はこの問題を政府への質問主意書（二〇一九年に二本、二〇二〇年に三本）で問い、参議院予算委員会（二〇二〇年三月一六日）でも安倍総理に質問した。政府答弁は拉致問題に限らず、認めたくなければ「今後の対応に支障をきたす恐れがあるのでお答えを控えさせていただきます」という決まり文句を繰り返す。そうでないときは明確に否定する。

私は、「日本経済新聞」が二度にわたって一面トップで報じた五年前の記事の真偽を、この予算委員会（二〇二〇年三月一六日）で質問した。一本目の記事の見出しは「北朝鮮、生存者リスト提示　拉致被害者ら『2桁』　政府、情報の分析急ぐ」と衝撃的なものだった（二〇一四年

七月三日付朝刊）。

「日本と北朝鮮が1日に北京で開いた外務省局長級協議で、北朝鮮国内に生存しているとみられる日本人のリストを北朝鮮側が提示していたことが明らかになった。リストに掲載されているのは2桁の人数だという。日本政府はリストに掲載されている人物が拉致被害者や拉致の疑いがある特定失踪者らと同一かどうかの確認作業に着手した」

同年七月一〇日付朝刊の続報で「日本経済新聞」は、「拉致被害者　複数　生存者リストは約30人　政府　北朝鮮情報を照合」と具体的に報じていた。予算委員会で私は菅義偉拉致問題担当大臣に「この記事に対してどういう対応を取られましたか」と質問した。答弁はこうだ。

「今御指摘をいただいた報道は当然承知しております。そして、私はこのことについて、そのような事実は全くない、このように申し上げました。誤報であるということを明確にしました」

政府は二〇一四年七月一〇日に、外務省、拉致問題対策本部事務局、警察庁の連名で「日本経済新聞」に抗議し、記事の速やかな訂正を求めた。

この報道当時、拉致被害者の家族が、強い期待を抱いたのは当然だ。この情報は政治部記者が書いたものだから、政府関係者か官僚に取材したはずだ。しかしいまなお報道の根拠は不明だ。

私は、横田滋さん、早紀江さんと話す機会があったときに、この情報は真偽が不明だが、怪しいと判断していることをお話しした。こうした微妙な問題をお伝えするときは、とても気をつかう。

根拠がない楽観情報ばかり伝えてくる人物に対して、滋さんは懐疑的だった。たとえば、めぐみさんが平壌のある場所に住んでいると公言する人物もいた。ところが根拠を訊ねても、口を濁すという。

重要な情報があれば家族にだけは伝えるべきだが、そんな核心を突いた情報など、日本政府さえたやすくは入手できない。だからこそ、帰国した被害者から聴取した「極秘文書」に記録された横田めぐみさんたちの情報は貴重だった。ましてや田中実さん、金田龍光さん生存を北朝鮮側が伝えてきたのだから、その情報が正しいのかどうかを確認し、本人に面会する必要があった。それだけでも安倍政権にとって大きな成果となるはずだったのだ。

たとえ田中さんと金田さんに帰国の意思がないにしても、一時帰国を実現することは政府の人道的使命である。しかも田中さんの結婚相手が日本人で長男の名前が「一男」だという情報もある。結婚相手の女性もまた、拉致被害者である可能性がある。

北朝鮮の管理体制のもとで、彼らは自由な発言はできないだろう。それでも拉致被害の全貌に迫るためにも拉致被害者から少しでも情報を引き出す必要があるのは当然のことだ。日本政府は、いまからでも外務省と警察庁の専門家を平壌へ派遣して、本人から聞き取りを行うべきだ。

田中実さんの生存情報が報じられたとき、高校時代の同級生が集まって、もし一時帰国することになれば、羽田空港まで迎えに行こうと話し合ったという。私は予算委員会で田中さんの問題を質問する前に、大阪にいる同級生のひとり坂田洋介さんに会ってきた。坂田さんは、

「もし一時帰国だったとしても、大変だったなとねぎらいたいんです。担任教師も亡くなる前に、田中のことをよろしく頼むと言っていました」

と語っていた。横田滋さん、早紀江さんと、めぐみさんの娘ウンギョンさんとの面会を実現させたように、田中実さんと金田龍光さんの生存確認と今後の要望について本人から聞き取ることは、政府にとってきわめて人道的な課題なのである。にもかかわらず安倍総理は、田中実

さんの生存伝達だけではほかの拉致被害者についての「情報が少ない」ことを理由に、この課題を封印してしまった。

北朝鮮側は、二〇〇二年九月に政府認定拉致被害者「八人死亡」を日本側に通告して以来いっさい訂正することなく、二〇一四年秋と二〇一五年の協議で新たに田中さんと金田さんの生存情報を出してきたのだから、なおさらだ。

北朝鮮側には苦い教訓があった。二〇〇二年に日本側に提示した「八人死亡」とする死亡診断書など、各種の「証拠」が杜撰極まりないことが露呈したことだ。一三歳で拉致された横田めぐみさん「死亡」通告の衝撃も相まって、日本社会では北朝鮮への怒りが最高潮に達してしまい、「日朝平壌宣言」の合意から日朝国交正常化交渉へ向かおうという気運は、一気にしぼんでしまった。

北朝鮮側にすれば、再び失敗すれば、もはや国交正常化交渉などで合意できるはずがない。さらに、日本側の担当者は失敗しても左遷されるだけで済むが、北朝鮮では関係者本人の生命とその家族の運命がかかっている。これは北朝鮮外交（内政もそうだが）全般の特徴でもある。

したがって報告書は、周到に準備されただろう。北朝鮮は日本側に秋には中間報告を提出するとしていた。それが延び延びになったのは、失敗を許されない北朝鮮側の事情にあったと私は理解している。北朝鮮が政府認定拉致被害者の田中実さん生存を伝達してくるには、金正恩第一書記の決裁も必要だったはずだ。それだけの意味を持つ「報告」を無視したのは、明らかに日本政府のミスである。

ストックホルム合意をきっかけに北朝鮮側が設立した特別調査委員会は、最高指導機関の国防委員会から権限を付与され、実質的には国家安全保衛部が指導する組織だった。金正恩委員長の直属組織だったと見ていい。担当メンバーは次の通りである。

委員長――徐大河《ソデハ》国防委員会安全担当参事兼国家安全保衛部副部長
副委員長――金明哲《キムミヨンチヨル》国家安全保衛部参事、朴永植《パクヨンシク》人民保安部局長
日本人遺骨問題――金賢哲《キムヒヨンチヨル》国土環境保護省局長
残留日本人・日本人配偶者――李虎林《リホリム》朝鮮赤十字中央委員会書記長
拉致被害者問題――姜成男《カンソンナム》国家安全保衛部局長
行方不明者――朴永植人民保安部局長（副委員長兼任）

日本の代表団（伊原純一アジア大洋州局長）が平壌を訪れ、北朝鮮の特別調査委員会と協議したのは、二〇一四年一〇月二八日、二九日だった。日本側が田中実さん生存情報を伝達されたのは、二〇一四年秋が最初だから、北朝鮮側は日本政府がどう対応してくるか、大いに注目していただろう。

日本側は、拉致問題が最重要課題であること、すべての拉致被害者の安全確保及び即時帰国、拉致に関する真相究明並びに拉致実行犯の引き渡しを強調した。ここから大きなすれ違いがはじまった。ストックホルム合意では、「1945年前後に北朝鮮域内で死亡した日本人の遺骨及び墓地、残留日本人、いわゆる日本人配偶者、拉致被害者及び行方不明者を含む全ての日本人に関する調査」を同時並行的に進めるとされていたのに、日本側が拉致問題を前面に押し出したからである。

さらに北朝鮮の特別調査委員会が拉致被害者をふくむ「全ての日本人」についての報告書を提出しようとしても、日本政府は受け取って検証する道を取らなかった。政府が認定した拉致被害者の問題が、すべてだからだ。なかでも横田めぐみさん、田口八重子さん、有本恵子さんなどの生存につながる情報がなければ、前へ進もうとはしなかった。これが安倍総理の原則だった。明らかに拉致被害者に序列があったといわざるをえない。

私は参議院本会議（二〇二〇年六月八日）で、拉致被害者の救出に序列があるのかと総理に問うた。

「私は、三月十六日の予算委員会などで何度も首相に問うてきた問題があります。それは、政府認定拉致被害者の田中実さんと特定失踪者の金田龍光さんが生存していると北朝鮮から二〇一四年に通告されたものの、その事実さえいまだ認めないことです。田中さんと金田さんの安否確認をするべきですが、もう六年も放置したままです。余りにも冷淡ではありませんか。それとも、拉致被害者の救出に序列でもあるのでしょうか。

田中さんは七十歳。どうしていらっしゃるか全く分かりません。警察庁も把握しているように、結婚した相手が日本人だという情報もあります。それが拉致被害者なのか、特定失踪者なのか、確認するのが政府の責任です」

安倍総理の答弁はまったく意味のないものだった。

「北朝鮮による拉致被害者や拉致の可能性が排除できない方については、平素から情報収集等に努めておりますが、今後の対応は、支障を来すおそれがあることから、それらについてお答えすることは差し控えさせていただきます」

田中実さんという固有名詞さえ使わない答弁であった。なお、拉致問題を「完全解決の決意で進んでいきたい」と公約した安倍晋三氏が、総理として拉致問題について語った本会議での最後の答弁がこれである。「序列などない」とも安倍総理は言わなかった。なお岸田文雄政権になり、私は参議院予算委員会（二〇二一年一二月一六日）でも同じ質問をした。岸田総理は「御指摘のように、例えば順番があるんではないか、序列があるんではないか、そのように委員おっしゃいましたが、そういったことは決してございません」と答弁した。安倍総理より言葉数は多いが、現実に田中実さんは放置されたままである。

「全被害者の即時一括帰国」とは何を指すのか

外交交渉は、スローガンを伝える場ではない。「全被害者を即時に帰国させよ」といえば「全被害者とは誰と誰ですか」と返され、「それはあなた方が知っているはずでしょう」と、むなしい言葉を応酬して終わりだ。

現実的な交渉の第一歩は、一回目の小泉純一郎―金正日会談で確認した被害者の安否を確定することだ。北朝鮮の主張する「八人死亡」に根拠があるのかどうか、警察庁など日本の専門家によって検証するところから、前へ進めなければならない。だが日本政府は入り口で立ち止まり、「拉致問題の解決」という文言だけを呪文のように唱えてきたのだ。

安倍総理は二〇一七年九月二〇日の国連総会で、それまでの「対話と圧力」路線を捨て、「圧力」のみを国際社会に向かって表明した。その核心は次の部分である。

「対話とは、北朝鮮にとって、我々を欺き、時間を稼ぐため、むしろ最良の手段だった。

何よりそれを、次の事実が証明します。

すなわち1994年、北朝鮮に核兵器はなく、弾道ミサイルの技術も、成熟にほど遠かった。

それが今、水爆と、ICBMを手に入れようとしているのです。

対話による問題解決の試みは、一再ならず、無に帰した。

なんの成算あって、我々は三度、同じ過ちを繰り返そうというのでしょう。

北朝鮮に、すべての核・弾道ミサイル計画を、完全な、検証可能な、かつ、不可逆的な方法で、放棄させなくてはなりません。

そのため必要なのは、対話ではない。圧力なのです」

河野《こうの》太郎外務大臣にいたっては、国際社会に対して北朝鮮との断交まで求めていた。安倍総理が国連で右の演説をした翌九月二一日、米コロンビア大学で講演した河野外相は、北朝鮮の核・ミサイル開発を「これまでにない重大かつ差し迫った脅威」と位置づけたうえで、北朝鮮と国交のある国々に対し「外交関係・経済関係を断つよう、強く要求します」と断交を求め、「対話のための対話を行うときではない。圧力を最大限強化すべき局面だ」と呼びかけた。河野外相の断交発言が、安倍総理の演説と連動していることは明らかだった。ちなみに、北朝鮮と国交を結んでいる国は一六四カ国で、国連加盟国の八五パーセント。結んでいない国は三六カ国で、アジアでは日本、韓国、台湾だけだ。

じつは北朝鮮関係筋によれば、この二〇一七年の安倍総理、河野外相発言を最終的なきっかけとして、北朝鮮は「安倍政権を相手にせず」との方針を確定していた。そのことも知らずに、さほど時を隔てずして安倍政権の新たな方針転換が行われる。

「条件をつけない首脳会談」の意味

「圧力」を主張していた安倍総理は、二〇一九年五月一日になると、一転して金正恩委員長と無条件で首脳会談をしたいと言い出した。「産経新聞」の単独インタビューにおいて、である。そのポイントは二点。

ひとつは「条件をつけずに金正恩《キムジョンウン》朝鮮労働党委員長と会って、率直に、虚心坦懐《たんかい》に話し合ってみたい」。ふたつめに「国際社会との連携と同時に、わが国が主体的に取り組むことが何よりも重要だ。日朝の相互不信の殻を打ち破るためには私が金氏と直接向き合う以外ない」。その前提は、日朝平壌宣言にのっとった国交正常化だとも語った。

「条件をつけずに」とはどういう意味か。それは、安倍総理が「対話のための対話は意味がない」と何度も語ってきたことからの転換を意味する。具体的に言えば、「拉致問題の解決にならない対話」を拒否してきた姿勢を変更したのだ。その後の菅義偉政権も岸田文雄政権も、この路線を踏襲した。

しかしこれは、現実的には意味がない。仮に首脳会談が実現すれば、「最重要課題」である拉致問題を取り上げるのは当然だからだ。言葉だけを見れば目新しいことを語っているようだが、内実は空疎そのものだ。いつも通りの「やってる感」政治の繰り返しであった。

拉致問題でなんら進展がないなか、「朝日新聞」も五月三日付朝刊の一面トップで「日朝会談『条件つけず』」「首相　拉致問題前進の前提から転換」と扱うほどであった。「やってる感」

を演出することに、メディアも一役買ったのだ。それらの報道に接した被害者家族や国民は、少なからぬ期待を抱いただろう。

「産経新聞」の一報記事（五月二日）には、さらに注目すべき発言が載っていた。安倍総理は「拉致問題を解決することは、まず日朝平壌宣言にのっとって国交正常化することだ」と語ったというのだ。事実ならば、方針転換だった。

拉致問題を解決する方法をめぐっては、「入口論」と「出口論」がある。拉致、核、ミサイル問題を解決したうえで国交正常化を実現するというのが、「入口論」だ。反対に、国交正常化をまず実現して経済支援を進めながら、平壌に設置される日本大使館をフル活用し、警察庁などの専門家を派遣して拉致問題を解決するというのが、「出口論」である。

核やミサイルと拉致問題を一体化して解決しようとすれば、実現がはるかに遠のくことは容易にわかる。したがって、先に国交を正常化するという政策を取ることができれば、大きな転換になるとの見方もある。しかし、拉致、核、ミサイル問題を後まわしにしての国交正常化は、世論も強く反対するだろうし、国会での承認も容易ではない。「拉致問題の解決なくして国交正常化なし」とした小泉総理も田中均氏も「入口論」である。いまに至る日本政府の基本的立場だ。北朝鮮側は国交正常化を実現することで経済支援を求めている。日本は、ならば拉致問題を解決しなければ、正常化はありえない、と交渉するのが王道なのである。

安倍総理はそれから四カ月が過ぎた九月一六日、拉致被害者家族との会合で条件を付けない首脳会談という方針を伝えた。出席した横田早紀江さんは「総理には拉致問題だけは解決してほしい」とだけ語った。

私は二〇一九年一〇月一五日に政府への質問主意書で、「産経新聞」の報じた発言が事実かどうかを安倍総理に問うた。

「この報道が事実なら、拉致問題の解決は『出口』であって、まず日朝国交正常化を実現すべきと安倍首相が考えているとしか理解できません。政府は、この報道のとおり、安倍首相が拉致問題の解決を日朝国交正常化の『出口』に位置づけたと認識していますか」

「内閣総理大臣　安倍晋三」名で戻ってきた答弁書（一〇月二五日）には、こうある。

「お尋ねの『安倍首相が拉致問題の解決を日朝国交正常化の「出口」に位置づけた』の趣旨が必ずしも明らかではないが、北朝鮮との関係に関する政府の方針は、日朝平壌宣言に基づき、拉致、核、ミサイルといった諸懸案を包括的に解決し、日朝国交正常化を実現していくというものである」

私は質問を重ねた。

「安倍首相へのインタビューの詳細を報じた同月三日付け（有田注・二〇一九年五月三日）の産経新聞記事には、前記二のこの報道における安倍総理の発言に関するくだり（有田注・二日付けの紙面に載った発言）がありません。さらにいえば『日朝平壌宣言』という表現もありません。インタビューの詳細の公表にあたって、政府は、安倍首相がインタビューで行った当該発言を産経新聞社に削除させたのですか。そうならば削除させた理由をお示しください。あるいは、政府は、前記二のこの報道が正確ではなく、安倍首相が語っていないことを語ったかのように報じられたと認識していますか」

「拉致問題を解決することは、まず日朝平壌宣言にのっとって国交正常化することだ」という一報の文言が翌日の「産経新聞」の当該記事から削除されていたのである。

答弁書は、次の通りだ。

「報道機関の取材や報道内容について、政府としてコメントすることは差し控えるが、政府としては、言論の自由を始め、表現の自由は、憲法で保障された基本的人権の一つであり、これを尊重することは当然のことと考えている」

国会での議論を見慣れていれば、こうした答弁が常態化していることに驚きはしないだろう。予算委員会で総理や大臣と相対しての質問と答弁なら、かみ合うかどうかは別にして、多少は人間的な感情が入りやすい。言葉にもその人物の個性や癖が現れる。

ところが質問主意書への答弁は、官僚が机上で作成し、一方的に言葉だけが伝えられるので、まったくもって傍若無人、こんにゃく問答で終わってしまう。質問に正面から答えず、逃げることが目的の答弁である。文章を起案したのが外務省なのか拉致問題対策本部なのか、答弁書だけではわからないが、本気で拉致問題を解決しようという情熱はまったく感じられない。

激変する北東アジア情勢 144

「相手は間違っているかもしれないが、彼自身は自分が間違っているとは決して思っていない。だから、相手を非難しても始まらない」（デール・カーネギー）

外交戦略を立てるには、自らが達成したい目標を明確に据えると同時に、相手側の要求を客観的に判断しなければならない。

外務省関係者は「外交は結果だ。そのためには妥協も必要で、落とし所を探っていくこと」と語り、小泉訪朝時の日朝交渉においては、五人の拉致被害者とその家族を取り戻したこと、日朝平壌宣言を結んだことが成果だったと評価する。結果をつくるためには戦略が必要なのだ。九年近い安倍政権に戦略はあったのか。

安倍総理は私の質問主意書への答弁で、「条件をつけない首脳会談」の提案は「産経新聞」で語ったのがはじめてだと認めた。国連の演説で「圧力」一辺倒の路線を表明したのは二〇一七年九月だから、一年半余しかたっていない。

この間、安倍総理や河野外相の認識をはるかに超えて、アジア外交は急転していた。アメリカのドナルド・トランプ大統領と金正恩委員長による米朝首脳会談が三度。韓国の文在寅《ムンジェイン》大統領と金正恩委員長による南北首脳会談が三度、行われていたのである。

米朝関係と南北関係が激変するなか、圧力一辺倒の日本は孤立していた。北朝鮮をめぐる六カ国協議参加国のなかで、金正恩委員長と会談できていないのは日本の安倍総理ただひとりであった。拉致問題の解決を最重要課題としてきた安倍総理としては、言葉だけでも何らかの新機軸を打ち出さなければならないと判断したのだろう。そこで出てきたのが、「条件なし」の首脳会談だった。「拉致の安倍」政権は国民の支持を得るために、たとえ実際の成果に結びつかなくても、常に「やってる感」(この表現はアベノミクスについて安倍氏本人が語ったものだ〔御《み》厨《くりや》貴《たかし》・芹川洋一『政治が危ない』〕。拉致問題もまた同じ政治手法だった)を演出する必要がある。しかしここに、根源的な間違いがあった。外交を内政のために利用しているからだ。

外交の基本は、相手の視点にも立ちつつ、獲得すべき果実を「大きな絵」(田中均)のなかに位置づけることである。日本政府の目的は拉致、核、ミサイル問題の解決であり、北朝鮮にとっては「過去の清算」と日朝国交正常化の実現による経済支援の獲得だ。双方の目的を包括的に解決するための戦略を構想し実行することでしか、前に進むことはできない。安倍政権の外交敗北は、すでに歴史に刻まれてしまった。

その原因は何か。それは安倍総理が、外務省ではなく「官邸外交」に舵《かじ》を切ったからだ。発端は田中均氏による安倍外交批判だった。二〇一三年六月一二日の「毎日新聞」朝刊に田中均日本総合研究所国際戦略研究所理事長が登場、「右傾化　日本攻撃の口実に」というタイトルのインタビューでこう述べた。

「日本が自己中心的な、偏狭なナショナリズムによって動く国だというレッテルを貼られかねない状況が出てきている」

この発言に対して、安倍総理は、同日のフェイスブックで民間人になった田中均氏を一一年も前のことで批判した。

①拉致被害者五人を北朝鮮に帰すかどうかについて、田中氏は「北朝鮮の要求通り北朝鮮に送り返すべきだと強く主張しました」

②「田中均局長を通し伝えられた北朝鮮の主張の多くがデタラメであった事が拉致被害者の証言等を通じ明らかになりました」

③「そもそも彼は交渉記録を一部残していません」と書き、最後に「彼に外交を語る資格はありません」とまで痛罵した。

「交渉記録を一部残していない」のは、安倍総理によれば二回分あり、田中均氏が北朝鮮側に経済支援の金額を提示する「密約」があったのではないかと推測したのである。田中氏は「記録を付けずに北朝鮮と交渉するなどありえない」と反論した。常識的に考えれば田中氏に金銭密約を交渉する権限が与えられるはずがない。

実際の交渉は北朝鮮側が「ミスターX」と記録係、通訳の三人、日本側は田中氏と平松賢司北東アジア課長、通訳の三人が基本だった。この交渉記録が残らないはずはない。

安倍総理からすれば、田中氏は小泉訪朝時の誇張された「武勇伝」の実態を間近で目撃していた人物でもある。煙たくもあるだろう。二〇〇五年に外務省を離れたとはいえ、その後も人脈的に影響力がある。

安倍総理はアメリカの国家安全保障局に倣う外交をめざし、二〇一四年に発足させた国家安全保障局（NSS）を強化していく。当初は外務省の別働隊とされていたが、ロシアのウラジーミル・プーチン大統領の側近と接触するなど、外務省の表ルートではない官邸の隠密行動が増えていった。外務省は「官邸外交」をサポートする地位になっていく。

二〇一八年七月中旬、ベトナムのハノイで警察官僚出身の内閣情報官の北村滋氏が、朝鮮労働党統一戦線部の金聖恵《キムソンヘ》統一戦線策略室長と非公式協議をもった。韓国の情報機関である国家情報院幹部が仲介したと見られる。交渉はアメリカ政府にも隠されていた。しかしこの会合があったことをアメリカの「ワシントン・ポスト」が報じた。さらに同年一〇月一六日にはモンゴルのウランバートルで二回目の非公式協議が予定されたが、相手が現れず中止になったとも報じられた。経産省出身の今井尚哉《たかや》首相補佐官が二〇一五年にモンゴルで非公式協議をしたとも報じられたことがあるが、水面下での動きがメディアに筒抜けでは意味がない。

「官邸の人たちは、北朝鮮とのパイプがあることを世間にアピールできた、くらいにしか思っていないのではないか。そっちのほうがよほど問題です。まさに外交音痴という以外にありません（有田注・外務省ＯＢ）」（森功『官邸官僚』）。これらのルートでの接触がすぐに絶たれたことが「官邸外交」の失敗を示している。

この交渉について「ご自身も、米朝首脳会談の翌月に当たる二〇一八年七月にベトナムで北朝鮮の対日機関関係者と接触した、と報道されていますね」と問われた北村滋氏は、「ノーコメントです」と答えている（北村滋『情報と国家』）。日朝交渉において「官邸外交」が前面に出ていったため、外務省に蓄積されたノウハウが十分に生かされなかった。いくら優れた警察官僚や経産官僚であっても、外交交渉は別次元の世界である。

北朝鮮外交から取り残された日本

二〇一八年から翌年にかけ、米朝関係と南北関係は大きく進展し、朝鮮戦争の終戦宣言まで一気に進むのではないか、との期待も生まれた。しかし、ハノイでの第二回米朝首脳会談が物別れに終わったため、非核化への道筋さえ明確にならなかった。その後は米朝関係も南北関係も冷え切ってしまい、緊張緩和の局面は過ぎ去った。

この激動の期間、先にも触れたが、六カ国協議参加国のなかで、文在寅大統領、トランプ大統領、習近平国家主席、プーチン大統領が相次いで金正恩委員長と会談を持つなかで、安倍総理ひとりが孤立していたのだ。

二〇二一年一月、アメリカの大統領が共和党のドナルド・トランプ氏から、民主党のジョー・バイデン氏に代わった。新政権は同年四月末に対北朝鮮政策の再検討を終え、新しいアプローチを策定した。ひとことでいえば、バラク・オバマ政権の「戦略的忍耐」でもトランプ政権の「グランドバーゲン（一括取り引き）」でもなく、「慎重で調整された現実的アプローチ」である。これまでの北朝鮮への対応では、結果的に核やミサイル開発を許してしまった。その反省から、交渉を通じて非核化を実現していくというのだ。

北朝鮮が非核化への対応を取れば、それに応じて制裁を一部解除していく「段階的な非核化」である。そのために、どんな選択肢があるのか。二〇一八年から二〇一九年の米朝首脳会談や南北首脳会談で想定されたいくつかの可能性が、現実的な課題になるだろう。

アメリカ側が提案できるのは、①朝鮮戦争の終結宣言、②平和条約の締結交渉、③ワシントンと平壌に互いの連絡事務所を設置、④人道支援、だ。それを実現するため北朝鮮に求めるものは、①国内での核物質の製造停止、②核実験やミサイル発射実験の永久禁止、③ミサイル技術などの輸出停止、である。

これまでの北朝鮮外交を振り返れば、この交渉にかなりの時間を要することは明らかだ。なぜなら北朝鮮は二〇二一年一月の朝鮮労働党第八回党大会で、金正恩国務委員長（新たな役職として総書記に就任）が、侵略戦争の危険が続くかぎり、防衛力は不断に強化しなければならないとし、核兵器の小型化・軽量化・多弾頭化、原子力潜水艦・超音速兵器・軍事偵察衛星の開発と保有に言及しているからである。

北朝鮮にとって最大の外交課題は、米朝関係の前進を確実なものにして、まずは朝鮮戦争の終戦宣言を実現することだ。しかし、トランプ大統領の負の遺産から出発したバイデン政権の優先課題は国内にあって、対北朝鮮政策の位置づけは低い。

その後の米朝関係は、膠着《こうちゃく》状態にある。北朝鮮関係筋は「経済問題の解決が最大課題で、米朝の交渉にはまだ時間がかかる。日本との交渉は優先順位がかなり低い」と評価する。対日交渉よりもまず対米交渉だ、というのは北朝鮮の戦略的原則である。

国際的枠組みから考えて、日朝交渉がそれだけで独自に進む見込みはない。アメリカや中国頼みばかりでは彼らの優先順位上、対北朝鮮外交が進まないことを日本は直視しなければならない。

国会でほとんど議論されない拉致問題

じつは安倍長期政権とその路線を継承した菅政権で、日朝交渉や拉致問題はまともに議論されてこなかった。そのことは、たとえば二〇二〇年の通常国会における衆参の拉致問題特別委員会で、ただの一回も質疑が行われなかったことが象徴している。このことに対して院内外で批判が起きたため、二〇二一年には会期末に参議院でたった一回だけ、二時間の質疑が行われた。二〇二二年の通常国会でも、衆議院で一回、二時間四〇分、参議院で一回、二時間半の質疑が行われている。

国会で何時間議論を交わそうと、問題が前に進むわけではない。しかし政府の取り組み状況を確認するだけでも、行政監視の意味がある。議事録を精査すれば、拉致問題を「完全に解決する」と繰り返し主張してきた安倍総理が、閉塞を突破する方向性をまるで打ち出せなかったこともよくわかる。

政治の評価は、公約を実現できたかどうかで判断される。これまで触れた通り、安倍総理は、第二次政権を成立させた直後の二〇一二年一二月二八日、拉致被害者家族の前で「私がもう一度総理になれたのは、なんとか拉致問題を解決したいという使命感によるものだ」「再び総理を拝命し、必ず安倍政権で完全解決の決意で進んでいきたい」と豪語した。病気を理由に突然退陣を表明したのは、二〇二〇年八月二八日。完全解決どころか、憲政史上最長政権だったにもかかわらず、拉致被害者の帰国という課題ではまったく成果を上げられず、被害者家族への弁明もないまま総理の座から去ったのであった。総理時代を振り返った「月刊Ｈａｎａｄａ」（二〇二一年七月号、飛鳥新社）のインタビューでは敗北に終わった北朝鮮外交とロシア外交については、まったく触れていない。聞かれたくないのだろう。

幻の「安倍昭恵さん訪朝計画」

安倍政権において、世間に知られていない出来事がある。北朝鮮と日本の間で夫人外交を実現させて事態打開の突破口にしようという計画が二〇一七年春ごろ民間筋から提案されたのである。日本側は安倍総理の昭恵《あきえ》夫人に、横田早紀江さんが加わる。北朝鮮側は、金正恩委員長の李雪主《リソルジュ》夫人だ。週刊誌やスポーツ紙の見出し風にするなら、まさに「仰天計画」である。

このプランの相談を私に持ちかけてきたのは拉致問題に深く関わっていたある人物で、昭恵夫人も早紀江さんもすでに同意しているという。私はその人物が、早紀江さんと長期にわたって信頼関係を築いていることを知っていた。拉致問題対策本部の幹部と交渉できる立場にもいた。

実現するには、安倍総理が納得し、外務省を通じて北朝鮮側と交渉しなければならない。また、昭恵夫人と早紀江さんが平壌に乗り込むだけでは、拉致問題は解決などしない。水面下で綿密な事前交渉が必要だ。

外交交渉の主体は政府であり、関与できるのは与党だ。野党の議員にできることは、残念ながら限られている。相談を受けた私は、自民党の元副総裁で拉致問題に関心を持つ山崎拓《たく》さんに会った。

砂防会館にある山崎事務所で、私は夫人外交構想のあらましを伝えた。山崎さんは即座に答えた。「それはいい計画です」。そして「ただし」と続けた。

山崎さんの話は、大要、次のような内容だった。

①北朝鮮は最終的に、日本からの経済支援を求めている。拉致問題の解決も、その線上で考えなければいけない。

②そのために自民党の幹事長（当時は二階俊博氏）も一緒に訪朝して、拉致被害者の帰国と交換に、資金の提供を申し入れる。

③この計画を、安倍総理が受け入れるかどうかが問題だ。

「拉致問題は解決済み」の立場を変更しない北朝鮮は、簡単に動かない。被害者たちの現状もわからない。とはいえ、ひとりでも被害者の帰国を実現できるならば前進だ。昭恵夫人と早紀江さんが李雪主夫人に訴えることが、世論を高め、事態を動かすきっかけになればいいと私は判断した。金銭の交渉が必要なら、それは政府の仕事だった。

日本社会には、拉致被害者の救出方法をめぐってさまざまな意見がある。自衛隊の特殊部隊を北朝鮮に送り込むべし、という極端な声もある。国際法上も憲法上も認められない非現実的な暴論だが、威勢のよさを競い合うネットの空間などでは幅を利かせている。特殊部隊が乗り込むもなにも、拉致被害者がどこにいるのか、日本の情報機関でさえ摑《つか》んでいないのが現状だ。

また、現実的な手段として「金で解決する」という意見を、政治家や評論家などもよく口にする。私の判断では、これは間違っている。北朝鮮の外交は、国際社会には理解できなくても独特に原則的だ。「独特」というのは、国際的な経済制裁が続こうと、あるいは九〇年代に餓死者が三〇〇万人も出たとしても、ミサイル開発や核開発に予算を費やし、国民生活よりも優先するからだ。「原則的」というのは、経済支援の必要がどれほど切迫しても、ある程度の金さえ得ればいいという考えにはならないことだ。あくまでも国交正常化を実現したうえで莫大な経済支援を得るのが目的だということである。ある外務省関係者は「金で解決できるなら二〇〇二年の小泉訪朝のときにやっていた」と私に断言した。日本政府に必要なことは、拉致被害者についての新たな情報を引き出すための外交である。北朝鮮側に拉致問題で譲歩を引き出すために、国交正常化前にも経済支援を行うことは選択のひとつである。

拉致問題を解決するために新たな行動が必要であることは、論をまたない。昭恵夫人の訪朝計画は荒唐無稽に映ったが、被害者家族の横田早紀江さんにとっては、わらにもすがる思いだったろう。

安倍昭恵夫人にも李雪主夫人にも、外交を行う権限などない。それでも私は、昭恵夫人の訪朝もひとつの手だと考えた。拉致問題対策本部の幹部に計画を提案した人物に、山崎拓さんの意見を伝えた。

しばらく時間がたってから、その人物から「ダメでした」と連絡があった。ある記者が菅官房長官に直接会って真偽を問うと、ひとことで答えたそうだ。「つぶしました」。安倍総理がこの計画を進めなかったのは、①北朝鮮には外務省から渡航自粛要請が出ていること、②国際的に制裁が続いていること、③第三国でも行うべきではないとの判断が理由だったという。

ちょうど森友学園をめぐる問題で、安倍昭恵夫人の行動が批判を浴びていた時期だった。ここでまた何かと騒がれる前に、現実的かつ政治的な判断が下されたのだ。

菅義偉総理から届いたメール

安倍総理が退陣し、菅義偉氏が新総理として組閣に取り組んでいた二〇二〇年九月一六日。私は飯田橋にある沖縄料理店で泡盛を飲んでいた。店内のテレビでは新内閣発足のニュースが流れていた。

旧知の菅さんが総理に就任したので、お祝いのメッセージを届けようと、一般的な祝意の言葉を書き、返事は不要と付け加えておいた。ところが一〇分ほどしたら、スマートフォンに菅さんから返信が届いた。総理になっても、菅スタイルは変わらないなといささか驚いたものだ。

私が国会で仕事をするようになってからは、官房長官時代の菅さんと立ち話をすることがあった。ヘイトスピーチ解消法を成立させようと動いていたときは、与党との交渉で失敗を許されない緊張した日々が続いた。自民党のなかには、排外主義的な議員がいるからだ。在日コリアンなどに対するヘイトスピーチを許さない法律は、たとえ罰則をともなわない理念法であっても、必ず成立させなければならなかった。

ヘイトスピーチの現場のおぞましさを収録したＤＶＤを、国連人種差別撤廃委員会で日本を審査する委員たちにジュネーブで見てもらい、安倍総理と菅官房長官にも届けておいた。菅さんからは「ひどいですね」と電話があった。法案成立のポイントとなる局面では、菅さんにメールで法案成立への協力を依頼すると、いつも、すぐに返事が戻ってきた。

国家観は相当に違うが、判断と行動の早いのが菅政治の特徴だった。組閣の夜に戻ってきたメールには、「拉致やり遂げたいです」とあった。予算委員会で何度も取り上げてきたから、拉致問題に私が強い関心を持っていることは、菅さんの印象に残っていたのだろう。その後「何が何でも解決したい。どんな情報でも教えてほしい」という電話もあった。

二〇二一年一月二〇日、アメリカでは民主党のバイデン政権が誕生、北朝鮮では一月五日から一二日まで、五年ぶりに第八回朝鮮労働党大会が開かれた。日本では一月一八日に菅総理が国会で施政方針演説を行い、拉致問題を内閣の「最重要課題」と位置づけた。安倍政権を引き継ぐとした以上、当然の立場だった。

しかし重要な変化もあった。菅内閣が誕生したのは、二〇二〇年九月一六日。一〇月二六日の所信表明演説では、「全ての拉致被害者の一日も早い帰国実現に向け、全力を尽くします」と語っていたのに、わずか三カ月後の施政方針演説では「一日も早い帰国」という表現が消えてしまった。

二〇二一年八月三〇日、私は菅総理にメールを送った。拉致問題で総理に何度も面会している人物がもたらす情報の怪しさや、安倍路線のままでは前へ進まないことをお伝えした。ずっと迷っていたのだが、本気で拉致問題を前進させるためには、いつか言わなければならないと思っていたからだ。

自説を伝えるのではなく、私と同じ意見を持つ、ある大臣の話を聞いてほしいと書いておいた。菅総理からは、「明日早速に対応いたします」と返信が届いた。翌三一日、その大臣から連絡があった。菅総理から電話があったこと、私が「月刊タイムス」に連載していた拉致問題に関する記事のコピーを持って、近く説明に行くという。しかし九月三日、菅総理は次の総裁選に出ないことを表明。一〇月四日に任期満了となって退陣した。

菅総理は私へのメールや電話で何度も、「拉致問題をやり遂げたい」という思いを吐露していた。しかし日朝問題に関して、従来の方針に変更はなかった。新型コロナ対策に全力を注ぐしかない状況に追い込まれてもいたが、結果として菅政権の一年あまり、拉致問題をふくむ日朝交渉はまったく動かなかった。

北朝鮮と一時だが非公式協議を行って失敗した北村滋国家安全保障局長は退任し、外務省の秋葉剛男《たけお》前外務事務次官が後任に就いた。情報機関での実績はあれど、外交交渉の経験がない北村氏の対北朝鮮外交に成果がなかったのも、安倍総理が外務省を忌避したことに遠因がある。

岸田政権に打開策はあるか

北朝鮮の外務省に属する日本研究所は二〇二一年九月二三日に、自民党総裁選について「誰が権力の座についても、対朝鮮敵対政策にしがみつくなら得るものは悲惨な惨敗しかないだろう」という論評をHPに掲載した。安倍・菅路線を踏襲するならば、日朝交渉はおろか、首脳会談などありえないという意思を示したのだ。

九月一七日は、小泉総理の訪朝で金正日国防委員長が拉致を認めてから、一九年目だった。その前日に横田早紀江さんは、「解決できなければ国家の恥です」（「産経新聞」二〇二一年九月一七日付）、「絶望感に近いむなしさ」（ＮＨＫニュース、同年九月一六日）と語っていた。さらに「新潟日報」の長いインタビューでは、「長い年月が流れても事態が動かないのは、そもそも事態を動かそうとしていないのではないかとも想像してしまう」（同年九月二二日付朝刊）と嘆いていた。


自民党総裁選の結果、岸田文雄政権が誕生した。拉致問題をふくめて日朝交渉の停滞を打開する新たな方針を打ち出すことができるのではないかといささか期待した。だが二〇二一年一〇月八日の所信表明演説を本会議場で聞いて、むなしい想《おも》いに囚《とら》われた。安倍政権と菅政権の北朝鮮に対する方針を何度も聞き、見てきた私には、言葉づかいまで一緒だとすぐにわかったからだ。フレーズの順番が前後したにすぎなかった。

「北朝鮮による核、ミサイル開発は断じて容認できません。日朝平壌宣言に基づき、拉致、核、ミサイルといった諸懸案を包括的に解決し、不幸な過去を清算して、日朝国交正常化の実現を目指します。

拉致問題は最重要課題です。全ての拉致被害者の一日も早い帰国を実現すべく、全力で取り組みます。私自身、条件を付けずに金正恩委員長と直接向き合う決意です」

ここでも安倍元総理が二〇一九年五月に使いだした「条件をつけずに」のフレーズだ。「朝日新聞」の北野隆一編集委員は、「拉致　北朝鮮と向き合う 2」（「朝日新聞」二〇二二年三月二九日夕刊）で安倍外交に実態がないことを明らかにした。この年九月に二二回目の訪朝をした金丸信吾さん（金丸信元副総理の次男で二二回訪朝、二〇二二年三月没）が、宋日昊外務省朝日会談担当大使に「日本からアクションはあったか」と聞くと「まったく何もない」と答えたという。「知らないルートというのもあるのではないか」と金丸氏が問うと、「日本の官僚はよく代わるが、私は何十年も一人で担当してきた。私が知らないはずはない」と断言したそうだ。「一人で担当してきた」というのは誇張だが、日本側から首脳会談に向けての正統なルートでの接触がないのは事実である。

岸田新政権に対する北朝鮮の反応は、相変わらずだった。日本研究所の李炳《リビョン》徳《ドク》研究員は一

○月七日、岸田政権の拉致問題への対応に対して「言動を慎重にする必要がある」と批判するコメントをＨＰに発表していた。「言動」とは、各国首脳との会談で拉致問題を取り上げたことを指している。

見過ごすことができないのは、拉致問題が「すでにすべて解決されており、完全に終わった問題である」としていることだ。政府認定拉致被害者の田中実さんと行方不明者の金田龍光さんが生存していると日本政府に通告したのは、北朝鮮側だった。「すべて」「完全に解決」などしていない。

李研究員のコメントは、朝鮮中央通信などが報じる高いレベルの論評ではないが、日朝平壌宣言における「過去の清算」を求めていることが核心である。日朝交渉の打開は、この宣言を基本に前に進めないかぎり難しい。

日朝関係が進むときは必ず、北朝鮮側からの働きかけがあった。これが日本と北朝鮮との外交史の真実である。そのための環境を整備するのが、日本政府の歴史的責任である。

また、問題解決に向けては総理のリーダーシップが必要とはいえ、その判断にあたっては外務省プロパー（専門家チーム）の蓄積を生かすべきだ。それらの提言については次章で詳述する。

第四章　拉致問題は解決できるのか

残留日本人、「日本人妻」、日本人墓地

菅義偉《すがよしひで》氏が総理だったとき、北朝鮮問題に関するあるニュースを、参考までにとメールでお送りすると、いつもと同じように、すかさず返信をいただいた。政府としてどう対応するか、高度な判断が必要な案件だったが、頭の片隅にでも残してもらえればいいと思った。

いわゆる「日本人妻」の問題である。

朝鮮民主主義人民共和国（北朝鮮）が成立したのは、一九四八年のことだ。在日朝鮮人は、日本社会の差別と貧困のなかで苦労して生きていたから、「地上の楽園」と喧伝《けんでん》された北朝鮮で暮らしたいと多くの人が思ったのも当然の時代だった。新潟からはじまった帰国事業は、一九五九年から一九八四年まで続いた。自民党から共産党まで熱心に支援し、メディアも後押し

した。

北朝鮮へと向かった約九万三〇〇〇人のなかに、在日コリアンの夫とともに日本を離れた「日本人妻」が、約一八〇〇人ふくまれている。

そのほとんどの人たちは、半世紀以上、日本への里帰りさえ叶《かな》わない。一九九七年から二〇〇〇年の間に三回、合計四三人だけが一時帰国を果たしたにすぎない。このごくわずかな人数に、日本と北朝鮮との関係が象徴されている。日本は拉致問題、核・ミサイル問題を通じて圧力路線を維持しており、北朝鮮には国民に移動の自由はない。

二〇〇二年には、四回目の里帰り事業が行われる予定になっていた。しかし、小泉訪朝で通告された拉致被害者「八人死亡」に激昂した日本の世論に圧《お》され、平壌《ピョンヤン》で待機していた「日本人妻」たちの一時帰国は、二日前に中止となった。私の調査では、二〇一五年に「日本人妻」の生存者はすでに一〇〇人もいなかった。

外務省の伊原純一アジア大洋州局長を団長とする代表団が平壌を訪れ、拉致問題について北朝鮮の特別調査委員会と協議したのは、二〇一四年一〇月二八日、二九日であった。日本政府が、北朝鮮側から生存情報を伝えてきた田中実さんと金田龍光《かねだたつみつ》さんの安否確認さえしなかったことは、すでに述べた通りだ。

日本政府に無視されたのは、拉致被害者のふたりだけではなかった。北朝鮮で暮らす「日本人妻」の一部の人たちが面会を求めたのに、代表団は断ったというのである。

一九六〇年に、夫の故郷である北朝鮮の東部・咸興《ハムフン》に移り住んだのは、熊本に住んでいた中本愛子さんだ。当時二九歳だった愛子さんには、二〇歳下の妹・林恵子さんがいる。恵子さんは姉に会うため、二〇一八年六月に初訪朝。二〇一九年七月にも再訪し、姉の孫の結婚式に参列した。この訪朝の様子は『ちょっと北朝鮮まで行ってくるけん。』というドキュメンタリー映画として二〇二一年に公開された。

恵子さんの次男・林真義《まさよし》さんが議員会館に私を訪ねてきたのは、二〇二〇年九月二五日だった。外務省と厚生労働省に対して、愛子さんの六〇年ぶりの一時帰国実現を求める要望書を提出し、この人道問題を解決するために、早期の日朝交渉再開を求めたあとだった。要望書の冒頭には「国交正常化交渉と切り離した人道的課題の解決のために、北朝鮮政府との交渉の早期再開」「日本人妻と残留日本人の里帰りの早期再開」と書かれている。

「残留日本人」とは、第二次世界大戦が終わった混乱のなかで日本へ戻ることができず、北朝鮮地域に取り残された人たちのことだ。人数は、約二七万人から二八万人である。そのうち北部に留まらざるをえなかった人たちは、三八度線の設置と北朝鮮建国によって帰国が叶わなくなった。

私が二〇一二年に訪朝して関係者に聞いたところ、残留日本人の生存者は、その時点で八人だけだった。そのひとり丸山節子さんは、テレビなど日本メディアの取材に、日本に一度でも戻りたいと涙を流しながら訴えていたが、亡くなってしまった。北朝鮮当局によると、残留日本人の生存者は、いまや荒井瑠璃子《るりこ》さん（二〇一七年に八四歳）ひとりしかいない。コロナ禍によって情報も入らず、いまの安否は不明だ。

残留日本人と「日本人妻」一一人は、二〇一六年に「咸興にじの会」を結成した。「日本人妻」の中本愛子さんもメンバーで、会長が残留日本人の荒井瑠璃子さんだ。荒井さんもまた、日本への一時帰国を切望している。

二〇一四年のストックホルム合意で具体的に挙げられた課題のなかには、残留日本人と「日本人妻」問題もあった。拉致問題もふくむ「日本人問題」を同時並行で進めるのが、両国の方針だった。そうであるなら、実現可能な課題から先に取り組むのが、リアルな外交のはずだ。私が知るかぎり、外務省も当時その方針だった。ある関係者はこう語った。

「遺骨問題や『日本人妻』の一時帰国などを進めていく。最後に拉致問題が残れば、北朝鮮側も進めなければならないでしょう。人道問題を解決できることから進めることは、政権にとっても成果になるはずでした」

それを阻んだのは官邸だった。拉致問題で期待している情報が得られないなら、ほかの課題を優先することはできないという判断だ。これは第三章で見た通り安倍政権から菅政権、そして岸田政権まで、一貫して変わらない外交姿勢だ。

拉致問題最優先の方針を変えないかぎり、残留日本人と「日本人妻」の里帰りは実現しない。遺骨問題さえ進まない。「官邸外交」に代わって外務省がイニシアティブを取るならば、普通の外交に戻ることができるかもしれない。しかし、そのためにはときの総理が安倍路線を軌道修正しなければならない。日本政府はまず、生きていることが確認できる人間に対して、人道的に迅速に救いの手を差し伸べなければならないのだ。

ストックホルム合意の冒頭部分を再度引用する。

「双方は、日朝平壌宣言に則って、不幸な過去を清算し、懸案事項を解決し、国交正常化を実現するために、真摯に協議を行った。

日本側は、北朝鮮側に対し、１９４５年前後に北朝鮮域内で死亡した日本人の遺骨及び墓地、残留日本人、いわゆる日本人配偶者、拉致被害者及び行方不明者を含む全ての日本人に関する調査を要請した」

私は二〇一五年、二度目に訪朝したとき、ストックホルム合意の進捗状況について関係者に詳しく話を聞いた。よくいわれる「過去の清算」に関しては、日本による植民地支配全般の傷痕を回復させるだけでなく、広島と長崎で被爆した朝鮮人の治療問題などもある。日朝間で解決しなければならない問題の広さと深さを、あらためて実感した。

この訪朝時に、終戦後に北朝鮮で亡くなった日本人が埋葬されている龍山《リヨンサン》墓地へ再び行った。日本ではあまり知られていないが、北朝鮮への墓参事業も、家族が戦後ずっと抱えてきた重要な課題だ。北朝鮮には、いまだ二万柱を超える日本人の遺骨が眠っている。その収容も、未解決のままである。

日朝交渉の現在地

二〇二一年一一月一三日、「全拉致被害者の即時一括帰国を求める国民大集会」に出席した岸田文雄総理は、こう述べた。

「2002年（中略）以来、1人の拉致被害者の帰国も実現できず、（中略）本当に申し訳なく思います」

「私の手で必ず拉致問題を解決しなければと強く考えている」

「条件を付けずに金正恩《キムジョンウン》委員長と直接向き合う決意です。日朝平壌《ピョンヤン》宣言に基づき、拉致問題の諸懸案をしっかりと解決し、その上で、不幸な過去を清算して、北朝鮮との国交正常化を目指していく」

安倍総理が語った言葉をなぞっているだけである。これだから、拉致問題は解決しないのだ。

いま、拉致問題をふくむ日朝交渉は、いかなる段階にあるのだろうか。

二〇一四年五月のストックホルム合意に至る公式協議は、日本から外務省の伊原純一アジア大洋州局長、北朝鮮側は宋日昊《ソンイルホ》外務省朝日会談担当大使を責任者として行われた。国交正常化交渉の担当大使として、メディアにしばしば登場した宋日昊氏の役割は、表向きの窓口とスポークスマンであって、権限があるのは交渉役ではなく国家安全保衛部（現在は国家保衛省）なのだ。

　こうした公式会議が開かれるまでに、水面下で何度も非公式協議が繰り返される。実質的にはこの事前協議が重要で、北朝鮮側からは最高指導部につながるルートを持つ人物が現れるが、その素顔が報じられることはほとんどない。日本側と交渉する北朝鮮の担当者は、外務省だけでなく、国家安全保衛部（現在は国家保衛省）や国防委員会（現在は国務委員会）にも存在するのだ。

　二〇〇二年の小泉訪朝を準備したのは、すでに紹介した通り、外務省の田中均《ひとし》アジア大洋州局長だった。二〇〇一年九月にこの役職に就いた田中氏は、小泉総理に日朝交渉を提案した。そのうえで、北朝鮮政府の高官「ミスターX」をカウンターパート（交渉相手）として、週末を利用して中国などに赴いて交渉を重ねた。「ミスターX」こと柳京《リユギヨン》は、先にも少し説明した通り、国家安全保衛部副部長の肩書きを持つ軍人で、金正日《キムジヨンイル》国防委員長につながる権限を持っていた。ふたりの非公式協議は、一年あまりの間に約三〇回に及んだ。田中氏は新聞各紙に掲載される「首相動静」欄に一年間で八八回も登場した。北朝鮮側に総理との密接な関係を知らせるためである。

　現在は日本総合研究所国際戦略研究所の理事長を務める田中氏は、「中央公論」（二〇二〇年九月号）の姜尚中《カンサンジュン》氏との対談で、こう説明している。

「安倍内閣ができてから七年半、日朝関係が何も進展していないのはなぜか。問題は『外交のあり方』にある、と私は考えます。

外交というものを、国内的な課題のために利用しようとしたならば、そのとたんにそれは外交ではなくなるんです」

「実際、安倍政権の七年半のなかで、北朝鮮に強硬姿勢をとることによって選挙では勝利したものの、外交での結果をつくることはできていないですよね」

「外交は、まず大きな戦略図を描き、そのうえに個々の問題を置いて交渉を進めていかないかぎり、成果を得ることはできません」

日朝交渉における「大きな戦略図」とは何だろうか。それは戦後の日本外交において、東アジアでは北朝鮮との関係だけが空白だという歴史認識に基づいた方針である。

ここで田中氏は端的に語っている。

「日本は、朝鮮半島に平和をつくるためにどうすればいいかと考える。当然、日朝関係を正常化しないことには、何も先に進まないですね。ですから、戦略図としては、国交正常化という建前をまず置いて、そこに至るためには拉致問題も、核問題も、ミサイル問題も解決しないといけない、ということを北朝鮮に説得するんです。外交とは説得です。相手を説得することで、はじめて戦略的枠組みができるわけですね」

いまの日本外交には「説得」と「戦略的枠組み」が欠けているのである。

「外交とは、〝結果をつくる作業〟であり、国内、国民に向かって心地よいことを吠《ほ》える世界ではない」

（田中均『見えない戦争（インビジブルウォー）』）

ある現役の外務省関係者は、私にこう語った。

「政権は周到に戦略を設定して、ひとつひとつの課題を進めていかなければなりません。北朝鮮側と交渉するときに必要なことは、トップとつながるルートであるかどうかが決定的です。公式協議では北朝鮮の外務省が出てきますが、重要なのはその背後にいるルートなのです。北朝鮮では外務省が重要な決定はできないからです。日朝首脳会談を実現するときに、田中均さんが『ミスターX』と信頼関係をつくるまでには半年かかったといいます。あとの半年がクレディビリティ(信頼性)チェック、つまり本質的な問題として、金正日との関係で、実際に物事を動かせるかどうかでした。いまの日本政府にそうしたルートはないでしょう。総理のリーダーシップ、覚悟の問題です」

「総理のリーダーシップ」とは何か

横田夫妻がジャーナリスト石高健次さんのインタビューに答えた『めぐみへの遺言』には、なかなか聞くことのできないおふたりの本音が語られている。政治家への注文や期待について、何度もインタビュアーが話をふっても、滋《しげる》さんはいっさい口を開かない。「……」が続いた末に出た言葉は、核心を突いていた。

「総理がリーダーシップをとってやるしかないんです」

早紀江《さきえ》さんが、

「政治家は現実には、全然何もやっていないのですもの」

「私たちはもう、人間不信になっています」


と語ったことと重ね合わせると、重い発言である。

「総理のリーダーシップ」こそがポイントなのだ。


私が菅直人総理から聞いた印象的で忘れられない言葉がある。

「総理が指示しないと、外務省は動きません」

外務省に限らず、官僚とはそういうものだろう。ある外務省関係者は「状況が熟さないときはノーディール（取り引きなし）でいいんです」という。無理をして交渉するのではなく、その条件をつくっていくのが大切なのだ。しかしそうした局面においても総理は拉致被害者に向き合わなくてはならない。

横田早紀江さんが安倍総理に切実な手紙を何度も出したこと、いっさい返事がなかったことを、私はご本人から聞いている。安倍総理だけではない。民主党の野田佳彦《よしひこ》政権のとき、こんなことがあった。新聞社幹部との懇親の席だ。拉致問題が話題になると、野田総理は「めぐみさんは生きています」と口にした。ほかの記者たちは、そのままやりすごした。

毎日新聞編集委員などを歴任した政治評論家の岩見隆夫さんだけが、懇親会の最後に確認した。

「めぐみさんは生きていると言いましたが、本当ですか」

「そうです」と野田総理は答えたが、根拠は語らなかった。

私は岩見隆夫さん本人から、この話を聞いた。すぐに早紀江さんにお知らせすると、早紀江さんは野田総理宛てに真偽を問う手紙を出した。返事は来なかったという。

その後、拉致問題の解決を求める国民大集会でのことだ。野田総理が挨拶を終えて会場をあとにする際、参加していた横田滋さん、早紀江さんたち被害者家族と握手を交わした。そのとき野田総理は「お手紙をありがとうございました」と語ったそうだ。読んでいたのだ。だが、言葉はそれだけだった。

横田めぐみさん生存情報の出所がどこであり、何が根拠なのか、それが正しいのかどうかはいまだ不明のままだ。

「ミスターY」の退場が意味するもの

日朝交渉に関心を持つ関係者に衝撃が走ったのは、二〇二一年四月一五日のことである。共同通信が配信したネットでの初報は、短い内容だった。

「北朝鮮の金正恩朝鮮労働党総書記に直結する日本政府との秘密交渉役が数年前、体調不良を理由に連絡を絶ったことが14日、分かった。複数の日本政府関係者が共同通信の取材に『両国の裏ルートが途絶えた』と話した。故金正日総書記時代以来、日本との秘密協議を担い、2002年の小泉純一郎首相の訪朝実現に至る協議を支えた一人。14年に拉致被害者田中実さんら2人の入国情報を日本に伝えた。

日本政府関係者によると交渉役は、小泉氏訪朝前後から日本との秘密協議を担っていた『ミスターX』と言われた国家安全保衛部（現国家保衛省）幹部の部下。ミスターXが約10年前に失脚し後任となった」

共同通信は、政府認定拉致被害者の田中実さん生存を北朝鮮が二〇一四年に通告してきたことを、二〇一八年と一九年に三回報じていた。日朝の水面下交渉で、この情報を複数回伝達してきたのが、「ミスターX」こと柳京・国家安全保衛部副部長の部下だった「ミスターY」(政府関係者は一時期そう呼んでいた)である。

共同通信のネット記事は全体を要約したものであり、詳しく報じたのは「愛媛新聞」「京都新聞」「宮崎日日新聞」など、配信を受けた地方紙だ。それぞれの見出しを追えば、記事の全体像を想像できるだろう。いずれも二〇二一年四月一五日付朝刊だ。

「北朝鮮の秘密交渉役　数年前日本と連絡絶つ」「日本語堪能『細くも強いパイプ』」(「愛媛新聞」)、「日朝秘密協議ルート　断絶」(「京都新聞」)、「02年　小泉氏訪朝から担当」「正恩氏直結ルート失う」「菅政権もパイプなしか」「拉致解決へ険しさ増す」(「宮崎日日新聞」)。

日朝交渉を水面下で担当していた人物が健康問題で連絡が取れなくなり、北朝鮮トップにつながるルートが途絶えた。そのため安倍政権を引き継いだ菅政権も交渉再開は難しく、拉致問題の解決も困難だ。記事の趣旨をまとめると、こうなる。

「ミスターY」はこの記事では「中堅幹部」とある。しかし、外務省関係者に、自分の立場を国家安全保衛部の課長と語っていたそうだ(「拉致問題交渉　消えた『キム』氏」「朝日新聞」二〇二一年一〇月三〇日付朝刊)。日本担当歴が長く責任のある人物が消息を断ち、実質的な交渉ができない状態に陥ったことは深刻だ。日朝交渉筋によると、体調悪化が通告されたのは二〇一八年のことだという。

北朝鮮はこの時期から現在に至るも、「ミスターY」に代わる人物を補充していないようだ。これは、安倍政権を相手にしないと決めた二〇一八年二月から四年以上も、日朝間の交渉が停滞していることを意味する。「ミスターY」の不在は、日本政府の交渉にとって大きな打撃となっている。

風化していく拉致問題

二〇二二年六月現在の日朝関係は、ストックホルム合意が実質的に破綻した状況にある。二〇一四年一〇月の平壌での交渉以来、公式協議は行われていない。日朝交渉筋によれば、北朝鮮の特別調査委員会が作成した調査報告書では、拉致被害者の「八人死亡」は変わらないという。日本側は「調査報告書」を受け取っていない。受け取れば検証するプロセスに入らざるをえず、世論の強い批判を受けると判断したのだ。

二〇二二年八月三一日の「産経新聞」は、一面トップ記事に「めぐみさん　2001年に生存」「再婚し男児出産」「政府　2ルートから情報入手」と書いた。「関係者によると、情報源の一つは、北朝鮮の内部事情に精通する消息筋」で、「もう一つの情報源は、02年11月に脱北した朝鮮労働党の元工作員」だとされていた。

「FRIDAY」(講談社、二〇一三年四月一二日号)も、「『横田めぐみさん生存』で『安倍訪朝』へ急展開」と題する記事を掲載した。ただし「生存」という活字の左横に、小さく「情報」と書いてあった。「安倍訪朝」など気配もなかったことは、いまでは歴史の事実である。

ある識者は、拉致被害者が工作機関や金ファミリーの秘密をたくさん知ったから、北朝鮮は「死亡した」といわざるをえないのだという。金ファミリーの秘密なるものも、もっともらしく語られてきた。横田めぐみさんが金正日総書記の子どもに日本語を教えていた、とするフェイク情報が典型だ。横田めぐみさんの近くで暮らした蓮池薫《はすいけかおる》さんも政府の聞き取り調査で明確に否定したことは「極秘文書」にも記録されている。そこで否定された内容が、いままで何度も報じられてきたのだ。

こと横田めぐみさんに関する情報には、滋さん、早紀江さん夫妻も翻弄されてきた。

「私たちが知りたいのは事実です。悪い情報でも何でも教えてください。運動のための運動をやってきたのではなく、ただ事実を知りたいんです」

何度もそう口にしていたことを私は聞いている。

政府は拉致問題を最重要課題として、核問題、ミサイル問題の解決を求める方針だ。では、北朝鮮側にとっての課題は何か。日本に「過去の清算」を実行させ、国交正常化を実現することである。日朝関係は、二〇〇二年九月の日朝平壌宣言をきっかけに、そうした新たな次元を切り拓くことができるはずだった。宣言の第一項に、こうある。

「双方は、この宣言に示された精神及び基本原則に従い、国交正常化を早期に実現させるため、あらゆる努力を傾注することとし、そのために2002年10月中に日朝国交正常化交渉を再開することとした。

双方は、相互の信頼関係に基づき、国交正常化の実現に至る過程においても、日朝間に存在する諸問題に誠意をもって取り組む強い決意を表明した」

小泉訪朝で横田めぐみさんたち「八人死亡」との一方的な通告を受け、日本国民の怒りは沸騰した。北朝鮮に対する批判の世論が高まったのは、想像を絶する日本人拉致が明らかになったことが理由であった。蓮池薫さんは、『拉致と決断』で、自分たちの生活や思いだけでなく、北朝鮮で「決して楽に暮らしているとは言えないかの地の民衆について、日本の多くの人たちに知ってほしい」とその暮らしぶりなどを紹介したのは、「彼らは私たちの敵でもなく、憎悪の対象でもない。問題は拉致を指令し、それを実行した人たちにある」としている。「それをしっかりと区別することは、今後の拉致問題解決や日朝関係にも必要なことと考える」と強調した。蓮池さんの指摘する「区別」もつかず、北朝鮮への怒りは、その後も続いた。二〇〇三年五月に東京国際フォーラムで行われた拉致問題解決を訴える国民大集会は、定員五〇〇〇人の会場に収まりきれず、主催者発表で一万人が集まった。「ザ・ワイド」（日本テレビ系）の生放送が終わってからキャスターの草野仁《ひとし》さんと会場へ行くと、入場できない人たちの不満が昂《たかぶ》っていた。草野さんは階段の上部に上がり、世論を高めていくことの大切さを肉声で訴えた。

拉致問題に対する国民の関心が最大限に高まったのは、このときだった。年二回の国民大集会はその後、定員約二〇〇〇人の日比谷公会堂に移り、最近は定員約一〇〇〇人の砂防会館で開かれている。参加者は主催者発表で約八〇〇人だが、実際はもっと少ない。その後も運動内部では世論の風化に並行して極端なナショナリズムが強まっていった。たとえば二〇一一年に行われた拉致被害者救出のためのデモには、あからさまな排外主義団体が参加した。横田滋さん、早紀江さんはそのときの戸惑いを語っている。

「**滋**　当時、外務省の入り口で座り込みをしていて（有田注・北朝鮮へのコメ支援に反対を訴えるため）、出入りの市民にビラを渡そうとしたら受け取らない人がいて、『オマエ、それでも日本人か！』なんて言う。あんな暴力的な言い方はやめた方がいい。

去年の6月だったか、東京でのデモ行進で、私たちの知らない団体が参加していて、『在日朝鮮人は東京湾へ放り込め！』なんて怒鳴っていてテレビのニュースでも映されたのです。拉致と直接関係ない在日の人に対してまでそんな言い方をするのはよくない。節度が必要です。

早紀江　デモはもちろん自由参加ですが、シュプレヒコールの文句は、これとこれって最初から幾つかのパターンが決められていていてそれを言います。あんな言葉が出ると、家族会はそこまで言うのかと誤解されるからまずいと思う。

滋　勝手なことを言っているのに、一緒に横で歩いている救う会の役員が止めないんだから」

（『めぐみへの遺言』）

いまもこの傾向に変わりはない。「オールジャパン」の国民運動だといいつつ、排外主義的な主張が目立つようになったため、拉致問題は解決しなければならないと思いつつも、運動に参加していた人たちの多くが去っていった。

横田早紀江さんが書き続ける「めぐみへの手紙」

私は二〇二〇年三月一六日に参議院予算委員会で安倍総理と菅官房長官に拉致問題を問うた。私の持ち時間は、質問と答弁をあわせて、たった三五分間。審議の主要なテーマは新型コロナ対策だったので迷ったが、思いきってテーマを絞ったのは理由があった。新型コロナ問題をはじめ三つのテーマで質問準備をしていたが、拉致問題を中途半端に終わらせたくなかったからだ。

第一に、国会で安倍総理に拉致問題について質問する機会がほとんどないこと。第二に、その機会があっても、十分な時間を取った質疑ができないこと。第三に、衆議院と参議院の拉致問題特別委員会の開催は、通常国会の最終盤にたいてい一回だけで、しかも総理は出席しない。これが「安倍政権の最重要課題」の現実だった。

このとき滋さんは、二年前から入院中だった。早紀江さんが明らかにしたように、口から食事を摂ることができなくなり、胃瘻《いろう》の処置をせざるをえない容態にあった。滋さんが語れなくなってから、早紀江さんは「産経新聞」に「めぐみへの手紙」を寄稿するようになった。それは二〇一七年四月から二〇二二年一月まで、二〇回を数えた。

私は予算委員会で、二〇二〇年二月四日の紙面に掲載された手紙を紹介した。タイトルは「お母さんは84歳になりました」「残された時間 本当にわずか」。文章をパネルで示し、委員にも資料として配布した。すべてを読み上げる時間はないので、ポイント部分に赤線を引いておいた。そこを引用する。

「私たちに、残された時間は本当にわずかです。全身全霊で闘ってきましたが、もう長く、待つことはかないません。その現実を、政治家や官僚の皆さまは、どう考えておられるのでしょうか。私たちはテレビで、のどかにさえ見える方々の姿を、見つめ続けています。皆さまには、拉致の残酷な現実をもっと、直視していただきたいのです」

「次の誕生日こそ、あなたと一緒に祝いたい。それを実現させるのは、日本国であり、政府です。政治のありようを見ると、『本当に解決するのか。被害者帰国の道筋を考えているのか』と不安や、むなしささえ、感じることがあります」

「日本と北朝鮮の最高指導者が真剣に向き合い、平和と幸せな未来について話し合う。その日が、すぐにでも来るような気がしていましたが、事態は静まり返っています」

（「産経新聞」二〇二〇年二月四日）

早紀江さんが「めぐみへの手紙」で繰り返し強調しているのは、第一に拉致被害者も被害者家族にも時間がないこと。第二に拉致問題を解決できないのは「国家の恥」ということである。

二〇二二年二月四日に八六歳になった早紀江さんは、めぐみさんが北朝鮮に拉致されたとき四一歳だった。当時四五歳だった滋さんは、二〇二〇年六月に八七歳で亡くなった。田口八重子さんの兄で、横田滋さんから「家族会」の会長を引き継いだ飯塚繁雄さんも、二〇二一年一二月に八三歳で亡くなってしまった。

「時間がない」――まさに現実だ。

私は、被害者家族の抱える本音がずっと気になっていた。たとえば早紀江さんは、「私たちは、政府や政治家にお願いする立場ですから」と口にする。私は「思いをもっと語ったほうがいいですよ」と何度もお伝えしてきた。ご本人たちにしかわからない、深く重い経験と気持ちがあるからだ。

拉致被害者家族の気持ちは複雑であり、表に出せない苦悩もある。横田滋さん、早紀江さんと長く深い交流のある人物が私に宛てた書簡の一部を紹介しておく。

「故・横田滋さんも早紀江さんも、めぐみさんの生・死すらわからないことに苛立っているのであって、生きている証拠もなく、偽遺骨をはじめ死亡の証拠もないことです。生・死の証拠すらないなかで、両親としては『生きていることを信じる』のは当たり前のことです」

問題解決への私の提言

私に対して政府を追及する議員として何をしたのか、と批判されることがあるが、それは誤解だ。外交は、政府の専権事項である。長年「最重要課題」だと口にしながら、解決への道筋さえ示せない政府にこそ、決定的に重大な欠陥がある。問題解決の道を提案し、探ることが国会議員の責任である。私には、この問題に直接関われるならば「こうする」という道筋と方法がある。

日本とアジアにとって、朝鮮半島の非核化は安全保障上、最も重要な課題だ。日本政府は拉致問題を「最重要課題」と位置づけてきた。拉致問題が「最重要課題」であることは当然だが、北朝鮮の核、ミサイル問題もまた「最重要課題」である。北朝鮮は二〇一六年九月に五回目の核実験を行った。二〇一七年三月には中距離ミサイル四発が同時発射され、そのうちの三発は日本の排他的経済水域に落下した。北朝鮮は「不測の事態」が起きたとき、在日米軍基地を攻撃する砲兵部隊が発射したと発表した。北朝鮮は二〇二二年一月、アメリカに対する「信頼構築措置」を見直すとして、二月から三月にかけて大陸間弾道ミサイル（ＩＣＢＭ）を四回発射した。二〇〇六年から二〇一七年まで六回の核実験を行ったが、七回目を行う可能性もある。日本人の生命と安全に直結するのは、核兵器を持ち、ミサイルも開発、発射する段階に入った北朝鮮の存在なのである。日本政府は北朝鮮に自制を求め、東アジアに平和を実現する外交を強化しなければならない。

しかし北朝鮮の核問題、ミサイル問題を解決する機動力は、アメリカが担っている。ジョージ・Ｗ・ブッシュ政権のとき、二〇〇二年の一般教書演説で北朝鮮をイラン、イラクとともに「悪の枢軸」と指定した国際的構図のもとで、北朝鮮は日本に向き合ってきた。拉致問題の解決に向かうためにも、核問題を動かす道筋を探らなければならない。核問題を動かさなければ、ほかの課題は動いていかないのだ。

外務省関係者は語る。

「北朝鮮からすれば、アメリカからの攻撃を避けたい。その国際的背景があったことが小泉総理の訪朝につながる日本の有利な条件になったのです。日本政府がEUや中国などの各国政府などに訴えて支援を表明してもらえたとしても、それは国内向けのアピールにはなるでしょうが、たとえばアメリカ政府が拉致問題を解決してくれるはずがない」

横田滋さんも二〇〇三年四月一日にこう語っていた。

「米国の協力は必要。だが、何もしないで他国にばかり助けを求めるのは当事国の意識に欠ける。望むのは、あくまで日本政府による解決だ」

（『報道写真集 祈り 忘れるな拉致』）

拉致問題は、日本政府が独自に取り組まなければならない課題なのだ。

岸田政権になっても変わらない日本の基本的立場は、二〇〇二年九月の日朝平壌宣言と二〇一四年五月のストックホルム合意を、いまなお有効とするものだ。だが、「家族会」「救う会」の一部や、与党と野党にも「宣言と合意を破棄せよ」という意見がある。

意見は尊重するが、そこには対案がない。あえていえば、外交の基本への無理解があるばかりだ。具体的には、日朝外交の歴史への無知だ。宣言と合意を破棄すれば、日朝交渉は完全に閉ざされてしまい、拉致問題は永遠に解決しない。

「すべての拉致被害者を、ただちに一括して日本に戻せ」とするスローガンと主張は、本質論としてもちろん正しい。しかし現実の外交交渉においては、まったく成り立たない。なぜなら北朝鮮は、「八人死亡」を一貫して主張してきたからだ。問題の核心は、事実である。北朝鮮は、ストックホルム合意に基づいて、特別調査委員会を設置、拉致問題などについての報告を文書で提出しようとしていたという。私の知るかぎり、たとえば横田めぐみさんについては、夫だった金英男氏、娘のキム・ウンギョンさんからの聞き取りも行っている。二〇〇二年に杜撰な報告を行った北朝鮮だ。用意された報告書が、どんな内容かはわからない。しかし、外交であるからには、北朝鮮の主張の真偽を徹底的かつ批判的に検証するところからしかはじまらない。

北朝鮮が「死亡」とする根拠は本当にあるのか。北朝鮮側は、民主党政権時代に日本政府の調査団が訪朝して三カ月でも半年でも長期間の調査をすることを、水面下交渉で認めていたことはすでに紹介した。だが、その後の自民党政権は、そうしたアプローチを取らなかった。この路線を踏襲するかぎり、拉致問題を前に進めることはできない。

アメリカのバイデン政権は、いずれ平壌に連絡事務所を設置するだろう。日本政府も独自に連絡事務所を設け、拉致問題の検証を自ら行うべきだ。自民党の石破《いしば》茂議員と日朝問題を話し合ったとき、その点では一致した。そもそも、拉致被害者は何人いるのか。政府が公式に認定した朝鮮籍のふたりをふくむ一九人だけなのか。曽我ひとみさんのように、捜査機関さえ見逃している被害者がいないとは限らない。当然その全貌は、北朝鮮にしかわからないのだ。

拉致問題を最終的に解決するには、首脳会談が必要だ。そのためのシナリオを成立させるためには、日朝平壌宣言をさらに具体化する必要がある。北朝鮮側は水面下の非公式交渉で、日朝交渉を再開するために「過去の清算」を求めている。ここでいう「過去の清算」とは、差別政策の是正などもふくまれている。具体的にいえば、朝鮮学校の高校授業料無償化除外の是正であり、低いハードルでいえば、朝鮮総連幹部の北朝鮮との往来の規制解除である。その先に北朝鮮の平壌に連絡事務所を設置することができれば、それは外交的には成果なのだ。

日本は核、ミサイル、拉致問題の解決を求め、植民地支配で生じた「過去の清算」を実行し、国交正常化が実現したときには経済支援を行う。すなわち、日本の総理大臣と北朝鮮の最高指導者が合意した日朝平壌宣言を基礎にして交渉を進める以外、拉致問題を解決へ導く道筋を見《み》出《いだ》すことができない。たとえ自民党の政治家が金銭密約をもって平壌へ裏交渉に乗り込んでも、国交正常化交渉を進める路線を離れては、何も進まないのである。

日朝平壌宣言の勘所は、それまで絶対に認めることがなかった拉致問題を北朝鮮の最高指導者が認め、謝罪したことだ。国交正常化交渉の再開とその先にある経済支援が、現実として見えていたからである。「国交正常化による経済支援」をテコに、拉致被害者についての新たな情報と譲歩をいかに引き出すことができるのか。日本外交の手腕がそこで問われる。そのためには、小泉訪朝を実現したように「大きな戦略」を描き、北朝鮮トップにつながるルートを構築し、本交渉につながる地道な水面下交渉を実行していくことである。

拉致問題をふくめて「全ての日本人問題」を解決したいと日朝が合意した歴史的意味は、それほど重い。日本政府は平壌宣言とストックホルム合意に基づき、一刻も早く、生存している拉致被害者、残留日本人、いわゆる「日本人妻」などの問題を解決し、そのうえで日朝国交正常化交渉に本腰を入れ、同時に短期、中期、長期的視野に立ち、国際社会と共同して実効性ある「朝鮮半島の非核化」を実現しなければならない。

横田滋さんは、二〇一四年四月一一日、北朝鮮に埋葬された日本人遺骨問題の院内集会でこう語った。「亡くなった人の遺骨よりも拉致問題を先に解決すべきとの声もあるが、できることから並行してやっていくのが効果的です」。日朝間にある多くの課題のなかで、拉致問題だけを突出させるのではなく、人道・人権問題をできることから解決していこうという、至極真っ当な提案だ。

国連加盟国は、現在一九三ある。日本が国交を結んでいない国は、北朝鮮だけだ。一方、北朝鮮と国交がある国は一六四。日本政府の国際的位置に問題があることは明らかだろう。北朝鮮と国交を開く道を模索することは、拉致問題などの解決はもちろんのこと、日本外交において、アジアの歴史で唯一の空白を埋め、北東アジアに平和をつくることになるのである。もちろん、北朝鮮に国家体制の民主化を実現する歴史的課題があることも付言しておく。

おわりに

大臣も経験したある自民党議員は、かつて北朝鮮による拉致問題の解決のため、運動の中心で熱心に活動してきた。ところがある時期からいっさいこの課題に関わることを避けるようになった。「どうしてですか」と私が問うと、「救う会」関係者からのたび重なる乱暴な圧力に嫌気がさしたからだという。小泉純一郎総理が二〇〇四年五月二二日に二度目の日帰り訪朝で蓮《はす》池《いけ》、地村《ちむら》家の子ども五人を連れて帰国した夜一〇時過ぎ、赤坂プリンスホテルで面談した「家族会」関係者の一部は「総理は子どもの使いですか」「金正日に二回もだまされ、総理にはプライドがあるのか」などと大声で罵った。テレビ局の取材も入っていたので、その映像は広く国民が知ることとなる。小泉総理もまた嫌気がさしたひとりであっただろう。政治家としてリスクを負って行動しても、気に入らなければ、圧力団体よろしく攻撃を加える。拉致問題を解決する運動が狭くなっていくのは当然だった。

私にも小さな経験がある。日比谷公会堂で開かれた拉致問題の解決を求める国民大集会に出席したときだ。壇上にいる私が紹介されたとき、会場のあちこちから「何でお前がいるんだ」といった野次が飛んだ。集会が終わったとき、横田早紀江《さきえ》さんから「イヤな思いをしますから、もうわざわざ来ていただかなくてもいいですよ」と気をつかっていただいた。会場を出て日比谷公園を歩いていると、数人の男女が追ってきて私を罵倒しはじめた。私がきびすをかえすと慌てて逃げていった。二〇一三年夏。ヘイトスピーチが猖獗《しょうけつ》を極めていた時期である。拉致問題はこれでは国民運動にならないと確信した。

政府と政治家はリスクを負ってでも覚悟を持って行動しなければならないときがある。「何かの行動に出れば、意外な動きが起こるものです」。これは横田滋《しげる》さんの思いだった。横田早紀江さんは小泉純一郎総理の第一回訪朝から一九年目になる二〇二一年九月一二日の「新潟日報」でこう語っていた。

「これまでに、何人もの首相や拉致担当相とお会いしました。失礼を承知でちょっと厳しいことを言わせていただければ、今も昔も、与野党問わず多くの政治家は、拉致問題について頭の中では大事だとお考えくださっているのかもしれませんが、命懸けといいますか、本気の行動というものが見えてこないのです」

そして安倍晋三《しんぞう》元総理が健康問題を理由に辞任したことに触れてこう語っている。

「『最重要課題』と掲げてくださっていたのであれば、未解決の最重要課題のために、もし健康などが好転したのであれば、『元首相』の肩書や人脈を駆使し、行動できないものでしょうか」

「日本の気概とでもいったらいいのでしょうか、『何が何でも』という姿勢を見たいのです」

私が横田滋さん、早紀江さんと交流するようになったのは、二〇〇二年九月一七日の小泉訪朝直後だった。その年の一一月にはじめた「意見広告7人の会」（高世仁《たかせひとし》、勝谷誠彦《かつやまさひこ》、日垣隆、湯川れい子、加藤哲郎、重村智計《としみつ》、有田芳生）の記者会見にはすべて出席してくださった。一二月二四日には「ニューヨーク・タイムズ」に英語とハングルで金正日《キムジヨンイル》国防委員長にも向けた全面広告を、国民有志のカンパで掲載することができた。この運動は二〇〇九年に再稼働し、再び「ニューヨーク・タイムズ」、さらに韓国三紙（「朝鮮日報」「東亜日報」「中央日報」）、フランスの

「ル・モンド」にも意見広告を出した。私が二〇一〇年に参議院選挙に立候補したときは、おふたりは推薦人として名前と顔写真を出してくれ、川崎駅コンコースでの選挙活動時には滋さんが通行人にチラシを配ってくださった。滋さん七七歳の夏である。私が国会議員になり、拉致問題特別委員会で初質問する朝には、早紀江さんから電話をいただき、わざわざ傍聴してくれた。横田滋さん、早紀江さんとの定期的な交流はこうしてはじまった。

二〇二〇年六月五日に横田滋さんが亡くなって失ったものはあまりにも大きい。合理的判断と理性的発言をする人物を失ったことで、「家族会」の一部に北朝鮮に対する感情的批判や罵倒が目立つようになったからだ。これでは拉致問題を解決するための国民運動からは、遠く離れていくばかりだ。

それだけではない。北朝鮮側は、関係者の動向を詳細にチェックしている。たとえば、一九九七年に「家族会」が結成されたことをきっかけに〈日本で拉致が問題になり始めたので〉、一九九八年には蓮池夫妻の〈家の周りに塀を作る〉ことが行われ、二〇〇〇年三月八日に地村夫妻とともに別の招待所に移されている（〈蓮池夫妻に対する聴取〉）。怒りの気持ちはわかるが、救出運動のマイナスになる言動は、大局的に判断して抑えたほうがいいのではないか。私はそう思う。

葬儀は、六月八日に行われた。ひつぎの滋さんの胸には、めぐみさんが拉致される前年に家族旅行に行った佐渡で撮影された写真がそっと置かれた。

二〇一三年三月一三日、名古屋の真宗大谷派・有隣寺で滋さんと一緒に講演をした帰り、川崎駅前の居酒屋で日本酒を飲みながら雑談したときの笑顔を、いまでは懐かしく思い出す。

本書の帯と本文に使用した横田滋さん、早紀江さんとめぐみさんの娘ウンギョンさん、その娘さんとの写真は、二〇一四年三月にモンゴルのウランバートルにある迎賓館で撮影されたものだ。横田夫妻と私がそれぞれ保管していた。ここに使ったのは二〇一六年に「週刊文春」に掲載するため、同年五月五日に滋さん、早紀江さんと三人で都内のホテルで私が持参したものから選定したうちの二枚である。

写真の入手については「北朝鮮当局からですか」「外務省からですか」と問われることがある。情報源を明らかにすることはできないが、横田夫妻の手元にはアルバムに収められた一連の写真があり、同じものを私も持っている。横田夫妻が自宅の引き出しに保管している写真を複写したテレビ局もあれば、別のテレビ局や新聞社は私のもとにあった写真を「有田芳生事務所提供」として使用したことがある。今回掲載した写真は私が保存しているものである。もっ

1976年、家族旅行で訪れた佐渡での横田めぐみさん
写真提供／あさがおの会

と多くの人たちにこの写真を見てもらいたい。それが早紀江さんの本音だ。写真選定のときも、公開されてからも、私に何度もそうおっしゃっていた。家族の交流さえままならない現実はおかしい。拉致問題は解決しなければならない。しかし人道問題は別次元だろう。

私の手もとには横田滋さん、早紀江さんから直接伺った心情を詳細に記録した三冊のノートなどがある。公開できる日はいつか来るのだろうか。私の拉致問題への取り組みは、これからも続く。

本書を書くにあたっては「週刊文春」で統一教会問題、オウム真理教問題で協働した石井謙一郎さんに原稿初期段階の構成でお世話になった。高世仁さんには、原稿を最終段階まで読んでもらい、多くの有益な指摘をいただいた。おかげで、問題の所在をあらためて整理することができた。実は、もっとも拉致問題を取材してきたジャーナリストが高世さんなのだ。解説の依頼も快諾してくれた。

新書で出版したいと思ったとき、映画監督かつジャーナリストで『証言 沖縄スパイ戦史』を世に問うた三上智恵《ちえ》さんに相談したところ、本書を担当してくれた編集部につないでくれた。当初のいささか「欲張り」な構想を、最終段階でシンプルにしたのも、編集部のアドバイスによる。大江健三郎さんが生活のなかでいちばん用心している「自分の思い込みの機械になる」（渡辺一夫）ことを避けることができた。緻密な作業をしてくれた校閲担当者、営業、販売、宣伝担当者、そして製版、印刷、製本関係者にも記してお礼を申し上げる。

解説

高世　仁

本書ではじめて詳細が明かされる「極秘文書」が作成されたのは二〇〇四年のことだった。〈今後、できるだけ早い段階において、（略）生存未確認者の安否確認等についての更なる分析・調査を行い、今後の拉致問題解決に向けた政策立案に活用する〉〈拉致被害者に対する聞き取り〉ことが目指されていた。それからすでに一八年。この間、拉致問題は、これといった進展を見せないまま、被害者家族が次々と鬼籍に入っている。

「極秘文書」の価値

この「極秘文書」は、拉致された被害者本人の見聞で構成され、北朝鮮による拉致の実態を知るうえで第一級の資料的な価値がある。

遅きに失した感はあるが、日本政府の無策による「失われた」年月をこれ以上重ねないためにも、いまこそこの文書を死蔵させずに活用し、拉致問題解決の新たな方向を切り拓くひとつの手がかりにしてほしいと思う。

この文書で私が最も注目したのは、今後の北朝鮮との交渉を進めるうえで利用できそうな具体的な情報が満載されていることだ。

拉致を担当するのは労働党と人民武力部の複数の機関に分かれ、被害者たちは、時期による異動はあるが、それぞれがひとつの機関に所属する形になっている。この管理体制から未帰還の被害者の消息をたどることができる。

たとえば、横田めぐみさんは、一九九四年三月に精神科病院に送られるまでは、労働党「3号庁舎」の工作機関「対外情報調査部（調査部）」に所属していた。調査部は、一九八七年の大韓航空機爆破事件の実行犯、金賢姫《キムヒョンヒ》が所属した部署で、帰国した蓮池《はすいけ》夫妻、地村《ちむら》夫妻をふくめ、おそらく最も多くの日本人拉致被害者を管轄していたと思われる。

田口八重子さんは一九八六年七月二〇日以降、蓮池夫妻や地村夫妻と一緒だった忠龍里《チユンリヨンリ》招待所から別の招待所に移った。翌一九八七年ごろ、地村富貴恵《ふきえ》さんは、外貨ショップで田口さんに会った工作機関の運転手から、「（田口さんを乗せた）車のナンバーが人民武力部のものだった」と聞いている。田口さんは労働党調査部から人民武力部の所属に移ったと推測される。人民武力部に所属した拉致被害者にはほかに曽我ひとみさんがいる。

増元るみ子さんは、一九七八年八月に拉致され北朝鮮に入った直後から一九七九年一〇月二四日まで、蓮池祐木子《ゆきこ》さん（当時は奥土《おくど》姓）と一緒に暮らした。その後ふたりは別々の招待所に送られ、るみ子さんの消息は途絶えるが、祐木子さんは一九八八年ごろ、食材などを運んでくる「供給員」から、〈祐木子さんを知っている人が会いたいと言っている。その人は結婚して子供もいる〉と言われた。祐木子さんは〈すぐるみちゃんだと思った〉〈他に考えられる人はいない〉と語る（〈蓮池夫妻に対する聴取〉）。

〈供給員は党の財政経理部に所属しており、通常一つの招待所を受け持っている。るみちゃんが人民武力部の所属であれば『その人』がるみちゃんである可能性は低いが、3号庁舎の他の部に所属しているのであれば、るみちゃんの可能性はある。この関連で、映画館の技師や射撃場の関係者から、るみちゃんが社会文化部の所属になったという噂を聞いたことがある〉（同前）

拉致被害者本人ならではのリアルな証言である。「その人」が増元るみ子さんだった場合、一九八八年ごろは労働党の「調査部」から「社会文化部」に所属が移っていた可能性が高い。

以上の三人は、最後の消息がわかった時点で、それぞれ労働党調査部、人民武力部、労働党社会文化部によって管轄されていたと推測できる。

注目すべきは、拉致被害者たちが「番号」で管理されていたという証言だ。便宜的につけられた朝鮮名は、途中で変更されることもあった。たとえば横田めぐみさんの朝鮮名は、一九九一年か一九九二年までは「リュ・オクヒ」、それ以降は「リュ・ミョンスク」に変わった。〈北ではいろいろな朝鮮名を使っていたが、名前はあまり重要ではなく〉、各人にふられた番号によって、食料配給など生活全般が管理されていたという（〈地村夫妻に対する聴取〉）。さらに、指導員が定期的に個々の拉致被害者についての「評定書」をつくって提出していたとの証言もある。したがって、当時の所属部署には拉致被害者の詳細な記録が残っているはずである。

ところが、拉致被害者に関する北朝鮮からの説明には、事実と異なる多くの「嘘」がふくまれ、「死亡確認書」に至っては急ごしらえの捏造だったことが判明している。この杜撰さはいったいなぜなのか。

北朝鮮に新たな記録提示を求めるべき

その理由を探るうえで、地村保志《やすし》さんが「現在（二〇〇二年秋）になって、国家安全保衛部が拉致問題を取り仕切るようになった」と証言していることに注目したい。保志さんは、同部は「外交センスというものを全く有しておらず、後先を考えずに行動するので、ああいうずさんな発表となったのだろう」とも語っている。

確かに小泉総理の訪朝後、北朝鮮側で拉致問題を仕切ってきたのは国家安全保衛部（現在は国家保衛省）であり、「ストックホルム合意」で北朝鮮が約束した「拉致被害者を含む全ての日本人に関する包括的かつ全面的な調査」にあたる「特別調査委員会」の委員長は、徐大河《ソテハ》国防委員会安全担当参事兼国家安全保衛部副部長である。また、調査委員会の四つの分科会のうち拉致被害者の分科会を担当するのは国家安全保衛部の幹部となっている。ところが、国家安全保衛部とは、国内取り締まりのための秘密警察であり、もともと日本人拉致とは関わりのない機関なのだ。このことも、先の「杜撰さ」を招く一因になったと思われる。

したがって今後、日本は、「極秘文書」の分析をもとに、拉致被害者を管轄していた労働党3号庁舎や人民武力部の当該機関など本来の担当部署からの記録の提示を求めるべきだろう。

また「極秘文書」には、蓮池さんや地村さんが北朝鮮にいた一九九九年に、イ・ジングクという調査部副課長が夫婦で亡命した事実が出てくる。しかも、この人物は調査部のなかでも日本担当だったという。亡命先で協力が得られれば、彼が持つ日本人拉致に関する知見は、北朝鮮との交渉において非常に有益な情報となるだろう。

問題はしかし、拉致問題を交渉する外交が、長く機能不全に陥っていることである。そのため、この貴重な「極秘文書」の情報も、いわば「宝の持ち腐れ」になってきた。

今回、有田芳生さんがこの文書の要点を公開するに至ったのは、拉致問題をめぐる外交が一向に進まないことへの義憤からだと私は理解している。

日本の外交は機能不全に陥っている

私は一九九七年二月に、横田めぐみさんと思われる日本人女性を北朝鮮で目撃したという亡命者の証言をテレビで報じて以来、拉致問題の取材に関わってきた。日本テレビの「ザ・ワイド」のスタジオに呼ばれた際、コメンテーターをしていた有田さんと知り合い、拉致問題への国際的な関心を高めるための方策を相談しあった。二〇〇二年と二〇〇九年には有田さんが呼びかけ人となり、市民から寄付を募って、米紙「ニューヨーク・タイムズ」をはじめ四カ国の新聞に拉致被害者救出を訴える意見広告を載せることができた。

有田芳生さんは二〇一〇年、参議院選挙に立候補し、比例区でトップ当選した。「拉致問題の解決」を公約に掲げた有田さんが、これまで拉致問題に関して提出した質問主意書は二〇〇本近くにおよび、質問回数では他の追随を許さない。

二〇二〇年六月、安倍晋三《しんぞう》氏は総理として本会議では最後の拉致問題に関する答弁をするが、このとき質問に立ったのも有田さんだった。

二〇一四年から二〇一五年にかけて、北朝鮮が、「調査」の結果として、政府認定の拉致被害者の田中実さんと行方不明者の金田龍光《かねだたつみつ》さんの生存を日本に知らせてきたのに、日本政府がこの情報を秘匿し、北朝鮮の調査報告を受け取らないでいる問題についてである。安倍総理から返ってきたのは、いつものように、「お答えすることは差し控える」という無意味な答えだった。この問題こそ、日本の外交が陥っている機能不全を象徴するものだった。

小泉純一郎総理の訪朝で、五人の拉致被害者とその八人の家族の帰国が実現した後、最大の懸案は、五人以外の被害者の安否確認と帰国である。二〇一四年五月の「ストックホルム合意」では、北朝鮮は、拉致被害者を含むすべての日本人に関する再調査を約束した。厳しく管理されていたはずの拉致被害者について、いまさら「調査」など必要ないのだが、これは北朝鮮に「実は生存者がいました」と新たな事実を出させるための方便である。

田中実さんについて、北朝鮮はこれまで「入境していない」としていた。それが一転、調査の結果「生存している」と報告してきたのである。また、在日コリアンではあるものの金田龍光さんという新たな拉致被害者の存在を北朝鮮が認めたのである。ふたりとも北朝鮮に妻子があり、妻が日本人との情報もある。さらなる真相究明が求められる。

新たな拉致被害者を北朝鮮が認めたのは、小泉訪朝以来はじめてのことである。なぜ、日本政府はこの重大情報を秘密にするのか。

それは政府（官邸）が、この報告を受け取ることが世論の反発を招き、「得点にならない」と判断しているからだ。横田めぐみさん、田口八重子さんなどが「死亡」とされたままでは、世論に大きな影響を与える「家族会」や支援団体の「救う会」の納得は得られない。

100か0か

「家族会」と「救う会」は、北朝鮮が約束した再調査にどう対応しようとしたのか。

ストックホルム合意発表翌日の二〇一四年五月三〇日、日朝協議の日本側代表・伊原純一アジア大洋州局長に対して、「家族会」、「救う会」からは、

「横田めぐみ、有本恵子らが、（高世注・二〇〇二年の北朝鮮からの説明と）同じ理由で死亡と回答されて出てこないまま、知られていない人を出してきたら、直ちに約束は白紙にして帰ってきてほしい」「（調査結果で）死亡とされた八人について同じでっち上げをしてきたら、机をひっくり返して帰ってきて欲しい」といった厳しい声がぶつけられていた。

二〇一五年四月、「家族会」と「救う会」が、安倍総理と関係閣僚に首相官邸で面会した際、飯塚繁雄・「家族会」代表は、北朝鮮からの調査報告を受け取らなくてよいと明言している。

「総理、率直に申し上げますが」「焦って北の報告書を受け取る必要はありません。拉致被害者の確実な帰国の実現以外、望んでおりません」

「家族会」、「救う会」の運動方針をリードする西岡力《つとむ》・救う会会長は、拉致問題の解決には外交交渉などいらないという立場だ。

「犯罪なんですよ、これは。外交交渉じゃないんです。何人かでいいということではない。全員取り戻すということについては絶対に譲歩の余地がない。100－0なんです。白黒なんです」

「特に私は外務省の方々に言いたい。『外交交渉じゃないですよ』と。彼らを動かすためには餌が必要だ、ということをおっしゃいます。しかしそれは、全員を取り戻すという前提でなければならない、ということです」（二〇一四年六月の日朝合意に関する「緊急国民集会」でのスピーチ）

白か黒か、100か0かとなれば、確かに外交の出る幕はない。

いまも「家族会」と「救う会」は、「死亡」とされた拉致被害者の生存を前提に、「全拉致被害者の即時一括帰国を実現せよ！」をスローガンに掲げる。これをすぐに文字通り実現しようとすれば、田中さん、金田さんに関する情報しかなかった調査報告など受け取れないことになる。

私も子どもを持つ身である。拉致被害者の家族として、「全拉致被害者の即時一括帰国」を願う気持ちは理解できる。しかし、残念だが、それは実現不可能である。

問題解決に必要なこと

拉致問題の解決は、二段階で進めるしかないと私は思う。

拉致は、北朝鮮という全体主義国家の工作機関が行った国家犯罪である。一九八七年に同じ工作機関が大韓航空機爆破テロを行ったが、北朝鮮はいまだ関与を認めていない。最奥の国家機密に属する工作機関の犯罪の全貌が明らかになるには、北朝鮮の国家体制の抜本的な民主化が必須の条件となる。

だが、それはいつ実現するかわからない。拉致された本人も日本で待つ家族も有限の時間を生きている以上、現在の金正恩《キムジョンウン》体制の北朝鮮と外交で向き合うしかない。地道な交渉を積み上げ、ひとりでも多く安否を確認し、被害者の救済に努めることが求められる。

外交交渉では、こちらの要求が一〇〇パーセント通ることはありえない。犯罪に見返りを与えないのが正論ではあっても、少しでも交渉を前に進めていくには、「泥棒に追い銭」を用意することも避けられない。「圧力」も必要だが、それはあくまで交渉を進める手段として使うべきである。

日本政府が、「家族会」や「救う会」の掲げる「全拉致被害者の即時一括帰国」以外の回答を拒否するならば、外交は一歩も進まない。長く拉致問題に進展が見られない大きな原因のひとつは、「家族会」や「救う会」への過剰な忖度《そんたく》が、政治家の無作為の口実になっているからではないのか。


横田早紀江《さきえ》さんが、日本の政治家を痛烈に批判していたことを思い出す。

「〝拉致問題で何をしたらいいか、おっしゃってください。そのとおりに一生懸命やりますから〟と言われるのですが、何をしたらいいかを考えるのが政治家じゃないですか。それに必ず〝がんばってください〟と激励されますが、私たちのほうが政治家の先生にがんばってと言いたいです」

早く被害者を取り戻してほしい、消息を知りたいというのが被害者家族の本当の願いであろう。とすれば、政治家には、その願いを実現するため、場合によっては家族の意向に沿わないことを決断する覚悟も求められよう。

北朝鮮がストックホルム合意の約束通り「調査」した結果として、田中さん、金田さんについての情報を出してきたのなら、日本側はそれを受け取ったうえで、すぐにでもふたりと家族に面会して安否確認し、彼らの今後について北朝鮮と交渉すべきである。そして、次にはその他の被害者の安否確認へと一歩一歩進んでいくしかない。

有田芳生さんの活動は国会のなかにとどまらなかった。

横田滋《しげる》さん、早紀江さんがどんなことを希望し、何に苦しんでいるのか、夫妻からくりかえし話を聞くうち、有田さんはあることを相談される。北朝鮮にいるめぐみさんの娘、夫妻にとっては孫のウンギョンさんの消息を知りたいというのだ。二〇一二年のことである。

滋さんは、二〇〇二年にウンギョンさんの存在がわかったときから会いたいと思っていたが、「家族会」や「救う会」は面会に待ったをかけた。夫妻が北朝鮮でウンギョンさんに会えば、めぐみさんは亡くなったと言われて拉致問題は「おしまい」にされると警戒したのだ。

蓮池薫さんによれば、二〇〇二年一〇月の帰国の前に、ウンギョンさんを〈日本の祖父母のもとで生活させるという話があった〉という。

〈これは、キム氏（高世注・めぐみさんの元夫）が反対して実現しなかったが、北朝鮮内部でそういう動きがあったことは確かである。何としても拉致問題の幕引きを図りたかったのだろう〉

〈蓮池夫妻による横田家に対する説明〉

それから一〇年、横田夫妻はウンギョンさんが結婚したとの噂を聞いた。一度も会ったことがない孫だが、愛《いと》しく思い、いつも気にかかっていたから、事実かどうかを知りたかった。後でわかるのだが、政府はウンギョンさんが結婚した事実を摑んでいたが、夫妻には一切情報を知らせていなかったのである。

有田さんはさまざまなルートから伝手《つて》を求め、数カ月後、ウンギョンさんの結婚写真を横田夫妻に届けることができた。

幸福そうに微笑む結婚写真を見るうち、孫に会いたい思いは募り、夫妻は、安倍総理と岸田外相に手紙を書いて面会の希望を伝えた。結果、モンゴルでウンギョンさん一家との面会がかなったことは本書の通りだ。夫妻は「夢のような、すばらしい時間を過ごすことができた」（早紀江さん）と喜んだ。

二〇一四年三月のウンギョンさんとの面会は、夫妻を喜ばせただけでなく、日本と北朝鮮との接触にも寄与した。北朝鮮側も人道問題として前向きに応対、日朝は非公式折衝を繰り返し、それが面会から二カ月後の五月のストックホルム合意を成立させるひとつの伏線になった。「人道」が外交を動かしたのである。

ところが面会から八年たったいま、早紀江さんはウンギョンさんの消息を知らない。たった一度会ったきりで交流は途絶えている。亡くなった滋さんも早紀江さんも、日朝関係が動かないなか、自ら再会したいとは言い出しかねてきた。

小泉訪朝直後の状況のもとでは、横田夫妻とウンギョンさんとの面会による「幕引き」を警戒することも必要だったろうが、いまとなっては、ウンギョンさんとの交流によって拉致問題が「おしまい」になることはありえない。事実、モンゴルでの面会後も、横田夫妻は以前と変わらずに、拉致問題の解決を訴え続けてきたではないか。

北朝鮮側は、横田家とウンギョンさんとの交流について、特別な配慮をする姿勢をみせている。日本政府には、早紀江さんに残された時間を考慮し、ウンギョンさんとの間をつなぐ人道的な働きかけをしてもらいたい。

有田芳生さんは二〇一二年と二〇一五年の二度にわたり、拉致問題や日本人遺骨問題の調査で訪朝している。北朝鮮当局と直接にわたり合った経験もふまえ、有田さんは本書で、日朝間の外交のあり方について危機感をもって提言している。

五人の拉致被害者が帰国してもう二〇年。この間の失われた歳月は戻らない。日本政府は「命懸け」「何が何でも」（早紀江さん）の姿勢で外交に取り組み、拉致問題の進展をはかる責務がある。本書がそのための一助になればと願っている。

高世仁（たかせ　ひとし）

一九五三年山形県生まれ。ジャーナリスト。通信社のタイ、フィリピン特派員を経て番組制作会社「ジン・ネット」代表を務める。現在はフリーランスとして活動。拉致問題、反政府運動、環境問題など幅広いテーマを取材。著書に『拉致　北朝鮮の国家犯罪』（講談社文庫）、『ＤＶＤブック　チェルノブイリの今　フクシマへの教訓』（旬報社）ほか多数。共著に『ジャーナリストはなぜ「戦場」へ行くのか』（集英社新書）などがある。

北朝鮮 拉致問題関連年表

一九一〇年八月	韓国併合
一九四五年八月	日本敗戦。植民地解放
一九四八年八月	大韓民国成立
一九四八年九月	朝鮮民主主義人民共和国（北朝鮮）成立
一九五〇年六月	朝鮮戦争始まる
一九五三年七月	朝鮮戦争休戦協定調印
一九五九年一二月	新潟港から北朝鮮への帰国第一船出港
一九六五年六月	日韓基本条約調印
一九七〇年三月	よど号ハイジャック事件
一九七四年八月	朴正熙（パク・チョンヒ）韓国大統領暗殺未遂事件。流れ弾で夫人が死亡
一九七七年九月	久米裕さん、石川県で拉致
一九七七年一〇月	松本京子さん、鳥取県で拉致
一九七七年一一月	横田めぐみさん、新潟県で拉致
一九七八年六月	田中実さん、成田空港からウィーンに出国後、消息不明に 田口八重子さん拉致
一九七八年七月	地村保志さん、濱本富貴恵さん、福井県で拉致 蓮池薫さん、奥土祐木子さん、新潟県で拉致
一九七八年八月	市川修一さん、増元るみ子さん、鹿児島県で拉致 曽我ひとみさん、母ミヨシさん、新潟県で拉致
一九八〇年一月	サンケイ新聞、三組のアベック蒸発事件報道
一九八〇年五月	石岡亨さん、松木薫さん、欧州で消息を絶つ
一九八〇年六月	原敕晁さん、辛光洙らによって宮崎県で拉致
一九八三年七月	有本恵子さん、欧州で拉致
一九八四年	帰還事業終了（計約九万三〇〇〇人の在日朝鮮人と「日本人妻」らが北朝鮮へ）
一九八五年六月	韓国当局、辛光洙逮捕を発表
一九八七年一一月	大韓航空機爆破事件
一九八八年一月	大韓航空機爆破事件の金賢姫が李恩恵（田口八重子さん）に言及
一九八八年三月	参議院予算委員会で共産党の橋本敦議員が初めて拉致を取り上げる。梶山静六国家公安委員長が蓮池さんら五件八人について「拉致の疑いが濃厚」と答弁
一九九〇年九月	金丸信、田辺誠ら自民、社会両党の代表が訪朝
一九九一年一月	第一回日朝国交正常化交渉
一九九四年七月	北朝鮮の金日成主席死去
一九九七年一月	新潟で「救う会」発足
一九九七年二月	元北朝鮮工作員、安明進が「横田めぐみさん目撃」証言
一九九七年三月	「北朝鮮による拉致被害者家族連絡会」（家族会）結成

二〇〇〇年四月	約七年半ぶりに第九回日朝国交正常化交渉
二〇〇〇年六月	金大中韓国大統領、北朝鮮の金正日総書記が平壌で会談
二〇〇二年三月	元よど号犯の妻、八尾恵が有本恵子さんを拉致したと東京地裁で証言
二〇〇二年九月	小泉純一郎総理が訪朝し平壌で日朝首脳会談。金正日国防委員長が拉致を認め謝罪、「八人死亡五人生存」と発表。日朝平壌宣言
二〇〇二年一〇月	拉致被害者五人が帰国
二〇〇三年一月	拉致被害者支援法施行 「特定失踪者問題調査会」発足
二〇〇四年五月	小泉総理が再訪朝し日朝首脳会談。蓮池夫妻、地村夫妻の家族五人の帰国実現。金国防委員長、安否不明者についての再調査を約束
二〇〇四年七月	曽我さん一家三人が帰国・来日
二〇〇五年四月	拉致被害者・家族支援室を拉致問題連絡・調整室に改組
二〇〇五年一二月	国連総会本会議で初の「北朝鮮人権状況決議」採択 家族会主催で日比谷公会堂で国民大集会
二〇〇六年三月	北朝鮮工作員・辛光洙と通称チェ・スンチョルを国際手配
二〇〇六年四月	ワシントンで拉致被害者家族とブッシュ・アメリカ大統領が面談
二〇〇六年七月	北朝鮮による弾道ミサイル発射。日本独自の対北朝鮮措置発表
二〇〇六年九月	第一次安倍晋三内閣発足。拉致問題対策本部設置
二〇〇六年一〇月	北朝鮮による核実験実施発表。北朝鮮に対する制裁を定めた初の国連安保理決議1718号採択
二〇〇六年一二月	政府主催講演会「拉致問題を考える国民の集い」開催
二〇〇八年六月	北京で日朝実務者協議。拉致問題に関する再調査につき合意
二〇〇八年八月	瀋陽で日朝実務者協議。拉致問題に関する全面的な調査のやり直しの具体的様態等につき合意
二〇〇八年九月	北朝鮮から調査開始見合わせの連絡
二〇〇九年四月	北朝鮮による弾道ミサイル発射。日本独自の対北朝鮮措置発表
二〇〇九年五月	北朝鮮による二回目の核実験実施
二〇〇九年六月	国連安保理決議第1874号採択。日本独自の対北朝鮮措置発表
二〇〇九年七月	民主党政権発足
二〇〇九年一〇月	拉致問題対策本部設置（二〇〇六年設置の旧対策本部の廃止）
二〇一〇年一一月	北朝鮮による韓国・延坪島攻撃
二〇一一年一二月	金正日国防委員長死去
二〇一二年四月	金正恩氏が国防委員会第一委員長に就任
二〇一二年一二月	第二次安倍内閣発足
二〇一三年一月	拉致問題対策本部設置（二〇〇九年設置の旧対策本部の廃止）

二〇一三年二月	北朝鮮による三回目の核実験実施。日本独自の対北朝鮮措置発表
二〇一四年三月	モンゴル・ウランバートルにて横田夫妻とキム・ウンギョンさんが面会 国連人権理事会に「北朝鮮における人権に関する国連調査委員会（ＣＯＩ）」最終報告正式提出
二〇一四年四月	東京にて拉致被害者家族とオバマ・アメリカ大統領が面談
二〇一四年五月	ストックホルムで日朝政府間協議。北朝鮮側は、拉致被害者をふくむすべての日本人に関する包括的かつ全面的な調査の実施を約束（ストックホルム合意）
二〇一四年七月	北京で日朝政府間協議。北朝鮮による特別調査委員会の立ち上げ及び調査の開始と日本による対北朝鮮措置の一部解除
二〇一四年一〇月	北朝鮮の平壌にて特別調査委員会との協議
二〇一六年一月	北朝鮮による四回目の核実験実施
二〇一六年二月	北朝鮮による弾道ミサイル発射。日本独自の対北朝鮮措置発表
二〇一六年九月	北朝鮮による五回目の核実験実施
二〇一六年一一月	国連安保理決議第２３２１号採択
二〇一六年一二月	日本独自の対北朝鮮措置発表
二〇一七年二月	北朝鮮による弾道ミサイル発射
二〇一七年六月	国連安保理決議第２３５６号採択
二〇一七年七月	日本独自の対北朝鮮措置発表
二〇一七年九月	北朝鮮による六回目の核実験実施。国連安保理決議第２３７５号採択
二〇一七年一一月	東京にて拉致被害者家族とトランプ・アメリカ大統領が面談。アメリカが北朝鮮をテロ支援国家に再指定
二〇一八年四月	板門店にて南北首脳会談
二〇一八年五月	板門店にて南北首脳会談
二〇一八年六月	シンガポールにて米朝首脳会談
二〇一八年九月	平壌にて南北首脳会談
二〇一九年二月	ハノイにて米朝首脳会談
二〇一九年六月	板門店にてトランプ・アメリカ大統領と金正恩北朝鮮国務委員長が面会
二〇二〇年三月	北朝鮮による弾道ミサイル発射
二〇二〇年九月	菅義偉内閣発足
二〇二〇年一二月	国連総会本会議で「北朝鮮人権状況決議」採択（一六年連続一六回目）
二〇二一年三月	北朝鮮による弾道ミサイル発射
二〇二一年一〇月	岸田文雄内閣発足

新潟日報社・特別取材班『祈り　北朝鮮・拉致の真相』（講談社、二〇〇四年）、政府 拉致問題対策本部「北朝鮮による日本人拉致問題」（二〇二一年）、政府 拉致問題対策本部ウェブサイトをもとに作成

参考文献

青木理『ルポ 拉致と人々　救う会・公安警察・朝鮮総聯』岩波書店、二〇一一年
朝日新聞アエラ編集部『北朝鮮からの亡命者　60人の証言』朝日文庫、一九九七年
阿部雅美『メディアは死んでいた　検証 北朝鮮拉致報道』産経新聞出版、二〇一八年
安明進著、金燦訳『北朝鮮 拉致工作員』徳間書店、一九九八年
安明進『横田めぐみは生きている　北朝鮮元工作員 安明進が暴いた「日本人拉致」の陰謀』講談社、二〇〇三年
石井一『近づいてきた遠い国　金丸訪朝団の証言』日本生産性本部、一九九一年
石高健次『金正日の拉致指令』朝日文庫、一九九八年
伊藤孝司『ドキュメント 朝鮮で見た〈日本〉　知られざる隣国との絆』岩波書店、二〇一九年
菊池嘉晃『北朝鮮帰国事業』中公新書、二〇〇九年
菊池嘉晃『北朝鮮帰国事業の研究　冷戦下の「移民的帰還」と日朝・日韓関係』明石書店、二〇二〇年
北村滋『情報と国家　憲政史上最長の政権を支えたインテリジェンスの原点』中央公論新社、二〇二一年
金賢姫著、池田菊敏訳『いま、女として　金賢姫全告白』（上下）文春文庫、一九九四年
金賢姫著、池田菊敏訳『愛を感じるとき』文春文庫、一九九五年
「現代コリア」一九九六年一〇月号、現代コリア研究所
国連調査委員会、市民セクター訳、宋允復監訳『日本語訳　国連北朝鮮人権報告書』ころから、二〇一六